Vive libre
VIVE FELIZ

Dra. LIS MILLAND

Vive libre
VIVE
FELIZ

Una guía de **21 DÍAS** para la sanidad interior

CASA
CREACIÓN
Para vivir la Palabra

Para vivir la Palabra

MANTÉNGANSE ALERTA;
PERMANEZCAN FIRMES EN LA FE;
SEAN VALIENTES Y FUERTES.
—1 CORINTIOS 16:13 (NVI)

Vive libre, vive feliz por Lis Milland
© 2014 por Lis Milland
Publicado por Casa Creación
Miami, Fl
www.casacreacion.com

Library of Congress Control Number: 2014936957
ISBN: 978-1-62136-917-2
E-Book ISBN: 978-1-62136-942-4

Desarrollo editorial: *Grupo Nivel Uno, Inc.*

Visite la página web de la autora: www.decidiserfeliz.com

Impreso en Colombia

20 21 22 23 LBS 7 6 5 4 3 2 1

Dedicatoria

A Papi.

Tu mirada debe ser idéntica a la de Jesucristo.
Gracias por enseñarme que es vanidad todo lo que
nos exalta personalmente y que hay que luchar fie-
ramente por lo que se tiene en la conciencia.

A Mami.

Mientras más pasan los años y maduro, más me
convenzo de que fuiste una gran heroína.

A mi hermana, Dalia Rubí.

Ha sido vital tu protección abnegada. Siempre me has re-
forzado que no existe montaña que yo no pueda escalar.

A mi hermano, Antonio Abad.

Estoy segura que siemspre puedo correr hacia ti.

A mi esposo, Luis Armando.

¡Qué fácil es amarte! Tu eterna sonrisa encien-
de mil estrellas en los momentos complejos.

A cada uno de los pacientes que ha acudido confiando en lo que Dios me ha dado.

Ustedes son los maestros más grandes de mi vida.

A ti, mi fiel Dios.

¡Soy tuya!

Agradecimientos

RECONOZCO EL GRAN valor que tiene el estar rodeada de personas de confianza, lo bastante realistas y perspicaces para ver lo que yo no puedo ver y a la misma vez soñadores y locos para alentarme y decirme: ¡sí se puede!

Agradezco a los que han dedicado sus horas de forma voluntaria a favor de este libro: Mildred Gago, Christian Marrero y el Dr. Pedro González como lectores del documento original. Millie Morales que hizo cuidadosamente la corrección final del manuscrito.

De todo corazón le doy las gracias a Casa Creación y a su excelente personal por haber creído en este trabajo como un instrumento que continuará aportando alegría y bendición a muchas vidas. Están siendo el vehículo poderoso para que la promesa de Dios sobre este libro de ir al mundo entero, sea hoy una bella realidad.

Celi Marrero, he disfrutado cada reunión, mensaje de texto y llamada telefónica. ¡La apasionada publicista del cielo! A la Dra. Norma Pantojas, por su inspiradora vida y su apoyo incondicional. El contactarlas fue una revelación dada por el Espíritu de Dios y todo lo que viene de su Espíritu es bueno.

Gracias a mi pastora Abigail Rodríguez pues ha sido la voz de Dios en la Tierra para este ministerio. Lo que ha hecho a través de todos estos años es impulsarme a ser una mejor ministra del poderoso evangelio de Jesús.

Gracias al Dr. Eliú Santos pues me ha ayudado a conocer profundamente a Dios, a activar todo lo que Él ha depositado en mí y alentarme a disfrutar de los resultados de pasar tiempo en su presencia. A la Dra. Nelly Santos, mujer que sí sabe lo que es servir. Sus consejos han sido de gran bendición. A Connie Vélez, que desde siempre ha tenido conciencia sobre la visión.

A los colaboradores en el Ministerio Armonía Integral mi más sincero agradecimiento. Me han acompañado por años con pasión, amor y lealtad a esparcir el transformador mensaje de la sanidad interior. ¡Ustedes son forjadores de esperanza! Son el precioso resultado de los ruegos de mi alma.

A todos mis grandes amigos y a mi excepcional familia. ¡Los amo! Son arquitectos de este trabajo. Celebren conmigo los miles de mensajes que hemos recibido de lo que este libro ha hecho en la vida de las personas y cuento con sus imprescindibles oraciones para que sigamos siendo testigos de muchos más testimonios de restauración. ¡Dios seguirá siendo fiel!

Contenido

Tercera fase

Cierre

Prólogo

SE ESCUCHA DIARIAMENTE por cada rincón de la tierra y de las oficinas de consejería, un clamor de la gente que quiere ser feliz y sueñan con encontrar esa felicidad en algún lugar que está fuera de ellos. Otros gritan con dolor que la felicidad es inalcanzable, porque siempre los problemas estarán persiguiéndolos. Por tanto, lo único que podrán hacer es alcanzar y disfrutar los brevísimos momentos de alegría que puedan saborear a lo largo de su vida.

La Dra. Lis Milland nos demuestra con su libro, *Vive libre, vive feliz,* que todos podemos ser felices y todos podemos disfrutar de una vida plena, si abrimos la puerta de nuestro corazón para dejar salir lo que nos amarga la existencia, y dejamos entrar a quien sana nuestro ser interior: Jesucristo. Él mismo nos dice: "Vengan a mí todos los que están cansados y llevan cargas pesadas, y yo les daré descanso" (Mateo 11:28, NTV).

¿Cuántos viven cansados de vivir arrastrando las cargas de un pasado que ya no pueden cambiar, pero que les sigue hiriendo y les impide ser felices? Dios ofrece descanso y sanidad emocional para todos. ¿Cómo se logra?

La Dra. Milland, galardonada por el Colegio de Trabajadores Sociales de Puerto Rico y la National Association of

Social Work, ha desarrollado innovadoras técnicas en terapias de intervención individual, las cuales ha desarrollado después de haber tenido la oportunidad de atender un promedio de 10,000 pacientes en y fuera de Puerto Rico. Pero, más importante que todos esos reconocimientos es el testimonio vivo de su propia historia. Cuando la pude ver y escuchar en una conferencia de sanidad interior, reconocí que lo que ella ha escrito en esta guía de sanidad interior, sí funciona. Conocer cómo fue su historia y leer *Vive libre, vive feliz* nos deja ver que lo que la autora escribió nació de un corazón que experimentó el dolor, pero decidió ser feliz y lo logró. Por eso desarrolló y plasmó en palabras el camino que conduce a la sanidad interior y, por ende, a la felicidad.

Lis afirma: "La felicidad es una elección, Dios quiere que seas feliz, independientemente de tus circunstancias". De esta manera podemos ver que todos podemos ser felices independientemente de las circunstancias en las que hayamos nacido y crecido. Porque la felicidad no depende de quien nos crió, sino de quien nos creó. Por tanto, Dios nuestro Creador entrará a nuestra vida si le dejamos la puerta abierta y le permitimos que entre en nuestro corazón para que Él deposite el amor que necesitamos para amar, perdonar y dejar salir lo que nos ha hecho daño.

El libro *Vive libre, vive feliz* es una guía de sanidad interior que podrás leer durante 21 días. En este tiempo cada palabra trabajará y restaurará las diferentes áreas de tu vida interior que están heridas por un pasado que no puedes cambiar, pero sí puedes transformar cambiando tu actitud, perdonando y dejándolo atrás. La lectura de este libro, lleno de prácticas enseñanzas saturadas con la presencia de Dios, te dirigirá a lograr la restauración emocional, espiritual y social de tu vida.

Agarrada de la mano de Dios, será una experiencia donde, paso a paso, comenzarás a vivir un proceso de consejería en el que identificarás aspectos de tu vida que deben ser reedificados y que hasta ahora no sabías cómo hacerlo. Ahora sí lo podrás lograr con las herramientas y estrategias efectivas que aprenderás por medio de este libro.

La Dra. Milland describe lo que encontrarás en *Vive libre, vive feliz*:

"Tiene una fusión de técnicas innovadoras dentro de la psicología y lo que está establecido en la Palabra de Dios, llevando al lector a identificar y trabajar otros aspectos de su vida que lo mantienen con dolores internos y confundidos.

Al principio, el lector hace un compromiso con Dios, consigo mismo y con quienes le rodean para comenzar un proceso de restauración interior efectivo. Luego, en cada capítulo cuenta con partes teóricas, autobiográficas, anécdotas de la autora y ejercicios que producen cambios.

El lector llega a entender la importancia de la felicidad y de vivir una vida plena hasta entrar a los pasillos más recónditos de su ser. El libro los llevará a reconocer áreas que de otra forma nunca hubieran identificado en su vida y que tanto daño les produce, para lograr un éxito pleno. Se trabaja con duras experiencias en la niñez, posibles conflictos con papá y mamá, perdonar a quienes los lastimaron. Esto les lleva a obtener el control de distintas emociones como la ansiedad, la tristeza, el coraje, la frustración y la soledad, entre otros".

Vive libre, vive feliz ha sido previamente utilizado como material terapéutico por consejeros, material de escuela bíblica y material de autoayuda, siendo un recurso íntimo y personal.

Mi querido lector, al igual que Lis, con quien me identifico mucho, he sido siempre fiel creyente que lo que pasó, pasó. Por tanto, trabajemos nuestra vida interior, perdonemos a quien nos trastocó la existencia y seamos libres y felices. Con Dios todo es posible. Por eso, *Vive libre, vive feliz*, es la decisión correcta y eficaz para vivir plenamente. ¡Éxito en tu recorrido por estas páginas que te ayudarán en tu caminar! Un beso y mi abrazo para ti.

Te amo y te bendigo siempre,

—Norma Pantojas,
Consejera y autora de superventas

Introducción

¿**Qué es lo** más que deseo en este momento? Estoy segura que en cada etapa de tu vida, y muchas veces de forma inconsciente, te has hecho esta pregunta. Una razón de por qué la hacemos es porque todo ser humano anhela la felicidad. Pero, tristemente, muchas personas pasan toda la vida, o gran parte de ella, de sufrimiento en sufrimiento, recordando eventos dolorosos del pasado y sin vivir a plenitud. **¡Les tengo una hermosa noticia!** Dios nos ama y su suprema voluntad es que seamos felices.

Después de muchas lágrimas, recuerdo con gran emoción, el día que tomé la decisión de ser feliz; sacar de mi vida todo lo que me lo impedía. Ese día fui libre, porque la otra gran noticia es que tenemos la libertad de tomar decisiones, y éstas pueden ser muy buenas para nuestra vida. La decisión de ser feliz requiere valentía ya que implica aceptar nuestra historia, cambiar actitudes viejas, entender que no podemos cambiar a nadie, renovar los pensamientos, desprogramarnos de todo lo que nos han dicho, entrar en procesos de desapegos y, sobre todo, tener una actitud de agradecimiento por todo lo que hemos vivido porque todo ha sido aprendizaje.

Cuando nos adentramos en estas páginas somos confrontados con nosotros mismos. Esto es necesario para el cambio. Todos tenemos asuntos almacenados muy adentro que no queremos compartir con nadie, muchas veces ni con nosotros mismos, porque nos provocan dolor. Pero ese dolor tiene que salir para que se dé el proceso de sanidad. Para los que han asistido a procesos terapéuticos, y más aún para los que tienen resistencia a asistir a alguno, este libro es una herramienta efectiva porque cuando hagas los ejercicios que encontrarás aquí, entrarás en los lugares más recónditos de tu ser.

Si leyendo este libro lloras, será muy bueno. Las lágrimas son liberadoras. Con ellas descargamos nuestros viejos dolores, las frustraciones, la falta de perdón, los sentimientos de culpa, los temores...Así y solamente así, soltamos lo que ya no necesitamos y es maravilloso saber que nuestro Creador está presente en todo este proceso. ¡Gloria a Dios por el día que tomamos la decisión de ser felices porque ese día somos libres!

Lis, mi hermana, a quien amo con todas las fuerzas de mi corazón, a pesar que siempre la vemos riendo y con un sentido del humor contagioso, en su vida ha tropezado con el dolor. Pero...¡estas son las grandes lecciones que me ha dado! Lis cree fielmente que todos podemos vivir libres y vivir felices, sin importar las batallas que hayamos tenido que luchar. Debemos creerle, ella lo ha logrado. Nunca he conocido a una persona que viva de manera más intensa y plena que ella. Con su vasta preparación académica y sus muchos éxitos profesionales, los anhelos de su alma son siempre secar lágrimas y llevar el mensaje a miles de personas de que todos tenemos la capacidad de tener una vida extraordinaria.

—Dalia Rubí Milland

Vive libre, vive feliz. Tienes frente a ti un gran reto. Sé que en el mundo espiritual todo ha sido ordenado para la experiencia de tu transformación. Tú la mereces y el mundo la necesita.

Esta travesía tendrá una ruta de 21 días para tu sanidad total. Te exhorto a que hagas un compromiso con Dios y contigo mismo, para que al final del viaje...no seas el mismo.

Cada día debes leer un capítulo nuevo y contestar los ejercicios. El hacer esto te dará la sensación de que estás en un proceso terapéutico. Le he pedido a Dios con todo mi corazón que a través de esta vivencia se cumpla todo lo que ya está disponible para tu victoria.

—DRA. LIS MILLAND

Mi contrato

En los próximos 21 días me comprometo con la restauración y renovación de mi alma y la elevación de mi espíritu.

_____

Tu firma

Al contrario, cambien de manera de ser y de pensar. Así podrán saber qué es lo que Dios quiere, es decir, todo lo que es bueno, agradable y perfecto.

—Romanos 12:2 (TLA)

DÍA 1

Soltar el cansancio

He aquí que yo hago cosa nueva;
pronto saldrá a luz, ¿no la conoceréis?
Otra vez abriré camino en el desierto
y ríos en la tierra estéril.

—ISAÍAS 43:19 (RV95)

"No fuimos creados para el dolor, ni para la muerte,
ni para el sufrimiento. Fuimos creados originalmente
para la vida, para el placer y para vivir para Dios".

—BERNARDO STAMATEAS, ESCRITOR

Soltar el cansancio

Alma sedienta, angustia, sentimientos de soledad, ansiedad, un gran vacío, falta de identidad, con bajo amor propio, con profundos temores, llenos de frustraciones... ¿cuántos hijos de Dios se sienten así al enfrentarse a una pérdida, a una traición, a dolores de tiempo atrás de los que no han podido sacudirle el polvo a pesar de los años? Yo también me sentía así.

Pero llega un día en que hay tanto cansancio de sentirse de esta manera que uno se enfrenta consigo mismo y se pregunta: ¿qué me pasa?, ¿dónde he dejado la herencia eterna de bendición que Dios me ha dado?

1

Sí, llega un día en que se realiza que se ha sufrido demasiado por cosas que no tienen tanta importancia y que de todos modos esas cosas ya no pueden ser cambiadas. Llega un día en el que comprendes a profundidad que el tiempo no se puede seguir perdiendo porque hay una alfombra roja a tus pies para que emprendas el camino de la vida con plenitud y entusiasmo. ¡Te felicito! El solo hecho de que comiences a trabajar esta guía es una demostración de que estás cansado, que ya no quieres sentirte más como te has estado sintiendo y ¡que bueno!, porque la voluntad de Dios, contrario a lo que tal vez nos han enseñado, *no es* que suframos, sino que vivamos nuestras vidas navegando por inmensos mares de victoria.

Tú tienes la llave

Tenemos el poder, a través de Cristo, de utilizar la llave que nos ha sido entregada, no para ganar, sino para vencer. Ganar implica que se ganó una batalla, pero vencer significa que se ganó toda la guerra. Esa llave que nos ha sido otorgada para vencer es la de atar y desatar, la de abrir las puertas (Mateo: 16:19). Poseemos una llave llena de autoridad y control. Es la llave que vas a comenzar a utilizar en este instante para cambiar y vivir una vida satisfactoria y en bendición, tal y como lo anhela el corazón de Dios. Una vida siendo libre y feliz.

> **Ganar implica que se ganó una batalla, pero vencer significa que se ganó toda la guerra.**

Cuando Jesús en el sermón del monte dijo: "Bienaventurados los que lloran...", no le puso a esto un punto final, sino que le añadió..."ellos serán consolados". Si estás llorando, si estás triste

2

y hasta deprimido, ¡gózate!, porque por ahí viene tu consolación, la bendición te está esperando y el cumplimiento de su promesa ya es una realidad. Claro que para esto nos tenemos que mover en fe. Dios hace una parte y nosotros hacemos otra. Lo que corresponde a nosotros es *creer.*

Tú tienes el poder

El Señor nos ha dado un gran poder, ese poder es el de crear. ¿Qué creamos? Creamos lo que creemos. "Les digo la verdad, si tuvieran fe, aunque fuera tan pequeña como una semilla de mostaza, podrían decirle a esta montaña: 'Muévete de aquí hasta allá', y la montaña se movería. Nada sería imposible" (Mateo 17:20, NTV). Lo que creemos en fe, es un hecho. Vamos a creer que hoy comienza tu transformación. Que aunque las circunstancias sean de oruga, vemos ya la mariposa revolotear. Para esto tienes que estar comprometido con el proceso de cambio y desearlo desde lo más profundo de tu ser. Hay que comprender que el cambio es necesario y útil. Con el tiempo descubres que lo nuevo es mejor que lo viejo y que con el cambio no solo te beneficias tú, sino también la gente que es significativa para ti.

Tú tienes la herencia de transformación

La oruga quizás se resiste a entrar en la bolsa de su transformación porque le resulta molesto. Toda transformación supone una dosis de esfuerzo, incomodidad, renuncias y hasta dolor. Pero el dolor de la transformación es necesario para que el propósito de Dios se cumpla. Cuando se comprende que todo cuanto lo que nos acontece "obra para bien" (Romanos 8:28) nuestra forma de ver la crisis cambia radicalmente. Cuando se entiende que Dios usa nuestro dolor para que lleguemos a nuevos niveles para sus fines en el reino, hasta nos deja de doler. Dios en toda su grandeza y sabiduría sabe aprovechar nuestro sufrimiento para glorificarse y engrandecernos. Este principio lo encontramos en lo que manifestó Jesús cuando dijo: "De cierto, de cierto os digo que si el grano de trigo que cae en la tierra no muere, queda solo, pero si muere, lleva mucho fruto" (Juan 12:24, RV95). La forma en que muere la hoja de trigo es cayendo, quedando en soledad y muriendo expuesta al sol del desierto, pero una vez pasa por este proceso, entonces florece. En ocasiones es necesario un proceso de muerte para que el ser interior pueda resurgir aún con mayor grandeza.

> **En ocasiones es necesario un proceso de muerte para que el ser interior pueda resurgir aun con mayor grandeza.**

El dolor en el alma tiene un fruto en el espíritu

Lo que deseo que te preguntes a este punto de tu cansancio emocional es: ¿cuál es el objetivo final del Señor por medio de esta experiencia de dolor? Todo cuanto nos acontece tiene un significado. Claro está, que en la medida en que lo vas descubriendo es necesario que vayas rompiendo tus ataduras a ese dolor.

En la consulta de consejería vemos gente todos los días que no puede o no quiere salir de la situación de angustia. Hay personas que se aferran y hasta podríamos decir que se enamoran del sufrimiento. No podemos olvidar que el anhelo de Dios es que seamos felices. Esta es la voluntad suprema del Señor. Hemos sido creados para la felicidad. El Señor quiere que tu vivas una vida de poder, de autoridad, sobre la peña y no en el fango. Podemos escuchar la voz del Señor que nos dice en el día del cansancio: ¡Levántate! Usa la Palabra de Dios para despertar, moverte y *vivir*. Recuerdo con claridad a una paciente que luego de haber comenzado a trabajar consigo misma me dijo: "Antes, solamente existía, ahora estoy *viviendo*". Hay una gran diferencia entre existir y vivir. Existir es fluir con el tiempo, mientras que vivir es ser y tener una relación intensa con todo cuanto nos rodea. Por ejemplo, cuando existimos, al terminar el día nos acostamos a dormir y exclamamos: "¡Que bueno que terminó este día!". Cuando vivimos entendemos que este día que pasó nunca más va a volver a repetirse. Cuando vivimos apreciamos cada minuto y disfrutamos de la providencia de Dios, sin concentrarnos en lo que nos falta, más bien estamos agradecidos por todo cuanto tenemos.

Cuando existimos, un problema puede terminar con nuestra existencia, cuando vivimos reconocemos que los problemas son parte de la condición humana y no medimos la felicidad por la ausencia de problemas o la

> **Existir es fluir con el tiempo, mientras que vivir es ser y tener una relación intensa con todo cuanto nos rodea.**

ausencia de dolor. Más bien comprendemos que todo dolor en el alma produce un excelso fruto en el espíritu.

Al vivir, sabemos que Dios y nosotros mismos somos el equipo por excelencia que está a nuestro cargo. Ojala que si has estado existiendo, también estés cansado de eso…y que ahora quieras vivir…y vivir feliz, gritando cuánto vale la vida y que no quieres perder más tiempo. Ponte cómodo, renuncia a todo aquello que te causa incomodidad. ¡Vive libre, vive feliz!

DÍA 2

Tomar la decisión de ser feliz

Me darás a conocer la senda de la vida;
en tu presencia hay plenitud de gozo;
en tu diestra, deleites para siempre.

—SALMO 16:11 (LBLA)

"La felicidad a veces es una bendición,
pero generalmente, es una conquista".

—PAULO COELHO, ESCRITOR

Tomar la decisión de ser feliz

Hace algunos años en una terapia grupal, donde todos los pacientes tenían un diagnóstico de Depresión Mayor Severa Recurrente, discutí con el grupo el tema de la felicidad. Me dirigí hacia uno de ellos, que tenía como 40 años de edad. Le pregunté: "¿Qué es la felicidad para ti?". Su respuesta fue: "¿La felicidad?...la felicidad es virtual". A mí se me quedó la cabeza como un cubo de Rubik, porque inicialmente no había comprendido muy bien lo que había querido decir con eso. Pensé que se refería a la inexistencia de la felicidad. Así que me acerqué a otro miembro del grupo, éste era más joven, y le dije, intentando corroborar si mi percepción era la correcta: "Escucha lo que dice tu compañero, que la felicidad es virtual. Que la felicidad no existe, ¿qué tú puedes decir sobre eso?". Este joven respondió: "Que es verdad, que sólo existen momentos felices". En el grupo había también una mujer que tenía un hijo de tres años. El niño había sido un instrumento terapéutico para su recuperación y estaba a punto de irse de alta del tratamiento. Sin embargo, al preguntarle: "¿Qué puedes decir sobre la felicidad?", su respuesta fue: "Yo nunca he sido feliz". Ya en ese punto de la terapia me estaba preguntando por qué no le había hecho caso a mi papá y me había ido a estudiar leyes. También había en el grupo una joven universitaria. Pensé entonces que la universitaria era quien iba a salvar la terapia, porque en la universidad todo está bien. Uno piensa en la universidad y viene la imagen de un Volky amarillo con las tapas de las llantas en forma de margaritas, todo es "paz y amor". Por eso creí que la universitaria iba a salvar la terapia, ¡ERROR! Esta comenzó a llorar amargamente y gritaba que ella tampoco había sido feliz. A ese punto ya yo estaba mirando las esquinas del salón para ver en cuál me ponía en posición fetal. Gracias a Dios, que en ese grupo llegamos a una conclusión sobre lo que es en realidad la felicidad. Lo que es la felicidad nunca, jamás, se nos puede olvidar. La felicidad es una decisión.

La felicidad es una decisión.

La felicidad es una elección que va más allá de las circunstancias. Hay personas que tienen todas las condiciones externas para la felicidad, más sin embargo, no lo son. Mientras que ser feliz, no es en absoluto un asunto complejo porque Dios nos creó para la felicidad. Seguramente por eso es que tensamos menos músculos cuando estamos riendo que cuando estamos serios. Sin embargo, son pocas las personas que logran alcanzar la felicidad.

La felicidad se caracteriza por una actitud positiva ante la vida, por esa habilidad de ver más allá de lo que nuestros ojos carnales están viendo. La felicidad es la convicción de que, independientemente de las situaciones que estés atravesando, sepas que en el mundo espiritual está pasando algo que es de beneficio para ti. La felicidad es vivir en paz, una paz que va más allá de tu entendimiento porque aunque lo que te rodea pueda ser sequedad, te puedes mantener cantando.

La felicidad es vivir en paz, una paz que va más allá de tu entendimiento.

La felicidad es estar lleno de sentimientos de gratitud, satisfacción y amor hacia ti mismo y hacia los demás. Tal y como Dios lo planificó para nosotros, nuestro estado más natural es aquel en el que predominan el gozo y la satisfacción. ¿Qué es lo que nos impide entonces experimentar esos sentimientos positivos y esas realidades absolutas que tenemos por herencia divina? Son las ideas negativas que hemos aprendido y que hemos llegado a aceptar como la verdad. Como la idea cultural de que si estamos riéndonos mucho es porque pronto vamos a llorar. Nos han enseñado que sin una pareja no podemos ser felices. Nos enseñaron que por razones morales no debemos alejarnos de personas que nos hacen daño y hasta nos encontramos diciendo ante el dolor "es que la vida es así". ¿Pues sabes qué?

La vida no es así. Dios quiere que tú seas feliz. Cuando permitimos que nuestra naturaleza divina florezca en sentimientos positivos y nos sumergimos dentro de su presencia, derribamos las barreras y la gran experiencia que es la vida se convierte en una mucho más bella y profunda.

Cuando cambiamos esa programación negativa y nos permitimos comprender la voluntad del Señor de vivir una vida de gozo y de prosperidad en todo, las cosas nos parecen menos complicadas y nuestros problemas se aligeran. Es más, hay cosas que antes nos resultaban bastante dolorosas y en esta nueva visión nos dejan de doler. Al fin y al cabo eres tú quien decide cómo te vas a sentir sobre las cosas que ocurren a tu alrededor. Tienes el poder de la interpretación. No tienes poder sobre lo que los demás hacen. Lamento yo misma haber tardado tanto en comprender esto. Tampoco tenemos control sobre muchos acontecimientos que nos pasan. Pero sí tenemos la autoridad por el Cristo que está en nosotros de controlar nuestras emociones y de sentirnos satisfechos y contentos con la vida.

Lo que te convierte en una persona verdaderamente exitosa e inteligente es vivir felizmente. Cuando procuramos la felicidad estamos siendo justos con nosotros mismos y con los demás. Facundo Cabral, el gran compositor argentino, dijo: "Si no eres feliz te amargas tú y se amarga todo el barrio".

> **Eres tú quien decide cómo te vas a sentir sobre las cosas que ocurren a tu alrededor.**

Para poder dar felicidad, tenemos que ser felices nosotros primero. Nadie puede dar lo que no tiene. Procurar la autofelicidad produce un efecto tal y como el de las rosas cuando abren. Lo que comienza por dentro se manifiesta en esplendor afuera. Si anhelamos hacer crecer nuestra inteligencia tenemos que vivir una vida feliz y aprovechando al máximo cada una de las oportunidades gloriosas que se nos presentan. Es tener una actitud de bienaventuranza. El concepto bienaventuranza quiere decir "más que dichoso". Este es el gozo que una vez decidimos tenerlo, se transforma en fortaleza. Por eso es que la Palabra dice que "el gozo de Jehová es nuestra fuerza". La bienaventuranza nos llena de tanto vigor que podemos estar dentro de las circunstancias más terribles y aún deleitarnos. El apóstol Pablo estando dentro de un calabozo donde reinaba el olor a muerte, exclamó "vamos a regocijarnos siempre en Dios" (Filipenses 4:4).

Es una cuestión de concentrarnos en el regocijo y no en el dolor, de enfocarnos más en lo que estamos ganando que en lo que estamos perdiendo, de estar más centrados en el levantarnos que en la caída, de prestarle más atención a las cosas maravillosas que van a ocurrirnos en lugar de seguir sufriendo por cosas ante las cuales somos impotentes para que sean distintas. La felicidad es una elección y sufrir puede ser una pérdida de tiempo.

DÍA 3

Sanar el niño interno

Aquello que fue, ya es... y Dios restaura lo que pasó.

—ECLESIASTÉS 3:15

"Para poder curarnos hemos de regresar con la mente y el corazón al escenario original del 'crimen': la niñez".

—NANCY O'CONNOR,

AUTORA ESTADOUNIDENSE

Sanar el niño interno

Cuando no puedo encontrar la respuesta de mis comportamientos presentes en el presente, trato de hacer el ejercicio de encontrar esas respuestas en mi historia. Casi siempre encuentro las respuestas a las actitudes que tengo hoy en la niña que vive dentro de mí. El niño herido puede ser tu respuesta también.

Hitler fue un niño a quien le pegaron continuamente durante su infancia, su papá era un hombre sádico que no hacía otra cosa que humillarlo y avergonzarlo en forma castrante. Se sospecha que el padre de Hitler era un hijo ilegítimo de un terrateniente judío. Eso podría explicar por qué Hitler en la adultez vuelca toda su ira del niño interno en todos los judíos. Esto no quiere decir que la totalidad de las personas que han sido

13

lastimadas en la niñez tendrán frustraciones en la vida adulta, pero tanto las investigaciones, como las experiencias de intervención clínica reflejan una alta probabilidad de que así sea.

El canadiense Albert Bandura, un famoso teórico del comportamiento humano, plantea que toda conducta tiene una razón de ser y que esa raíz podemos encontrarla en las experiencias vividas por los individuos.

Hace un tiempo estuve hablando con un joven que está batallado con la inseguridad. Al preguntarle: ¿de dónde crees que surge?, me narró que cuando era niño su papá tomaba su cabeza y la metía dentro del inodoro lleno de orín y excremento cuando hacía algo que se consideraba "incorrecto". Me dijo, también, que su mamá le decía que se arrepentía de haberlo parido cuando él no agarraba bien la escoba para barrer.

Mientras el joven me hablaba yo sentía todo ese dolor del niño que ahora lo encarcelaba tras los barrotes de la inseguridad.

Todo niño necesita amor, atención, sentirse seguro e importante, que se le toma en serio y que es aceptado. Estas son nuestras necesidades emocionales básicas. Si no las hemos satisfecho, nuestro sentido del YO SOY, se quedó dañado y es necesario entrar en un proceso de recuperación. Hay teóricos que plantean que estas necesidades se presentan desde el momento de la concepción, o sea, que desde el vientre de nuestras madres estamos en alerta de estas necesidades. Mi mamá quedó embarazada de mí a los 44 años de edad y mi papá tenía 50. Mi hermano mayor ya estaba en primer año de universidad y mi hermana

Todo niño necesita amor, atención, sentirse seguro e importante, que se le toma en serio y que es aceptado.

estaba en la escuela intermedia. Mis padres ya no deseaban tener más hijos. El impacto que tuvo en mi mamá el quedar embarazada de mí fue enorme, en un momento donde también había una crisis económica en el hogar. Así que cuando le empezaron los síntomas de embarazo y fue al médico, el ginecólogo le dijo: "Bueno Margarita, o es un bebé o es un tumor", ella se arrodilló y exclamó: ¡Señor que sea un tumor! Ese fue el primer mensaje que yo recibí de mí misma, que mejor era un tumor a que yo naciera. Aunque a estas alturas más bien en mi familia hacemos bromas sobre este asunto, sé como terapeuta que esto ha impactado mi vida, dado el rechazo que recibí en el vientre. Tú también puedes explorar cómo fue el embarazo de tu mamá, si fuiste un niño planificado, esperado... o si la cigüeña te mandó de "sopetón" sin anestesia para nadie.

Luego, en las primeras etapas de desarrollo, principalmente en los primeros cinco años de vida, se van recibiendo unos mensajes verbales y no verbales de quién y cuán importante eres. La adolescencia también es una etapa importante porque es aquí donde se contesta la pregunta ¿quién soy yo?, donde hay una búsqueda frenética de la identidad. Estas experiencias se dan con una tendencia a arrastrar sus consecuencias a la vida adulta.

Cuando el niño está herido, privado de amor y atención, contamina al adulto con anhelos insaciables de satisfacer estas necesidades, con posibilidades de tornarse asfixiantes. Las demandas del niño sabotearán las relaciones del adulto, porque no importa cuánto amor reciba, nunca será suficiente. O si por el contrario, el niño recibió

> **Cuando el niño está herido, privado de amor y atención, contamina al adulto con anhelos insaciables de satisfacer estas necesidades.**

15

demasiado amor y demasiadas atenciones, el adulto pretenderá que todos hagan lo mismo con él, presentándose una gran frustración sino es el centro de atención. Como ven aquí se aplica el mismo principio de la ciencia física "la perfección está en el justo balance".

El orador y educador estadounidense John Bradshaw presenta en su libro *Volver a casa* las formas que toman las necesidades del adulto cuando las necesidades no han sido satisfechas en la niñez:

- Les decepciona una relación tras otra.
- Siempre están buscando el amor perfecto que satisfaga todas sus necesidades.
- Hay una tendencia a volverse adictos. Nota: (En mi experiencia como terapeuta la adicción más común es a relaciones de pareja, con gran dificultad al desapego, aún cuando han identificado intelectualmente que la relación en la que se encuentran no es saludable).
- Buscan bienes materiales y dinero que les den sensación de importancia.
- Se hacen artistas (actores y atletas) porque necesitan continuamente la adulación y la admiración del público.
- Utilizan a sus propios hijos para satisfacer sus necesidades narcisistas. (En sus fantasías sus hijos nunca los abandonarán y siempre los querrán, respetarán y admirarán).
- Tratan de recibir de sus hijos el amor y la admiración que no pudieron obtener de sus propios padres.[1]

Hasta este momento seguramente has identificado cosas de tu niño interno. ¿Quieres recuperarlo? Te anticipo que esto implica volver a atravesar tus etapas de desarrollo y terminar los problemas que quedaron sin resolverse. Esta es la razón por la que muchas personas comienzan procesos terapéuticos para sanarse, pero le tienen miedo al dolor de la sanidad y no los completan. Esto ocurre porque en todo proceso de curación hay molestias. Muchas veces nuestra mejor opción es quedarnos en la zona de comodidad, no enfrentarnos a nuestros sentimientos y no abrir ese baúl. No obstante, es necesario abrirlo para pasar a otros niveles del desarrollo emocional y espiritual.

> **En todo proceso de curación hay molestias. No obstante, es necesario para pasar a otros niveles del desarrollo emocional y espiritual.**

Ejercicio I:

1. Construye una lista de las personas significativas en tu vida. Como por ejemplo, mamá, papá, abuelos, hermanos, hermanas, y otras más.

2. Identifica mensajes hirientes que recibiste de esas personas, o de algunas de ellas.

3. Identifica las cosas que nunca te dijeron y que te hicieron falta que te dijeran.

Ahora, procura tener un encuentro con ese niño que está aún dentro de ti y si ha sido:

- Abandonado, dile que está protegido
- Maltratado, dile que está seguro
- Rechazado, dile que es importante
- Menospreciado, dile que lo amas
- Abusado, dile que tiene oportunidades
- Invalidado, dile que vale mucho
- Quebrantado, dile que puede ser feliz
- Humillado, dile que tiene dignidad

Ejercicio II:

Pon música suave, algo que te haga sentir relajado y en paz. Ahora toma un papel y un lápiz. Haz una lista de los nombres de las personas que tú identificas que hayan lastimado a tu niño. Identifica aquellas personas que en tu historia sientes que te fallaron. Luego, vas a escribirle una carta a cada uno de ellos. No necesariamente vas a escribir todas las cartas el mismo día, pero es importante que le escribas una carta a todos. Tal vez en tu lista hayan personas que no están con vida, no importa, a ellos le escribirás también. Verás como este ejercicio te ayudará a descubrir cosas que están muy ocultas, te libera de raíces de amargura y de dolor.

Escribir es una de las técnicas de ventilación por excelencia. Además, puedes decidir enviar tus cartas a las personas involucradas, acompañadas de la frase: "hoy comienzo mi proceso de perdonarte". Podrías estarte preguntando: ¿Valdrá la pena hacerle llegar mi carta a la persona que me hizo daño?, ¿me entenderá? Sí, vale la pena, porque es tu ejercicio de liberación y si no entiende la carta en el momento que la envíes, no pierdas la fe en que algún día sí la entenderá. Si decides no enviarla, está bien…entonces la transformas con fuego en cenizas y que se la lleve el viento.

DÍA 4

Completar el proceso de perdonar

*Antes sed benignos unos con otros, misericordiosos,
perdonándoos unos a otros, como Dios también
os perdonó a vosotros en Cristo.*

—Efesios 4:32

*"Dios me concedió la serenidad para aceptar aquello
que no puedo cambiar, la valentía para cambiar aquello
que puedo y la sabiduría para conocer la diferencia".*

—Reinhold Niebuhr, teólogo

Completar el proceso de perdonar

Hay personas a quienes se les escucha decir: "yo perdono, pero no olvido". Por ser tan sinceras reciben grandes críticas. Sin embargo, científicamente hablando su argumento es totalmente correcto. Todo cuanto nos acontece queda registrado en nuestra memoria. El olvido no existe. Es imposible borrar lo que nos

> **Todo cuanto nos acontece queda registrado en nuestra memoria.**

han hecho, lo que nosotros le hemos hecho a otros, o lo que nos hemos hecho a nosotros mismos. Si perdonar no es sinónimo de olvidar, ¿qué es entonces el perdón? El perdón es conseguir que cuando el evento llegue a nuestra memoria ya no duela. Según va pasando el tiempo el suceso nos va doliendo menos. El dolor es el medidor que nos indica por dónde vamos en el proceso. La palabra perdón es una palabra compuesta de "per" y "don". Un "don" es un regalo y el prefijo "per" es un superlativo, es decir que, el PERDÓN es un regalo grande. Sin lugar a dudas cuando ya no te duele te has dado un gran regalo.

> El perdón es conseguir que cuando el evento llegue a nuestra memoria ya no duela.

He escuchado a mucha gente comentando "que se fastidie, no lo voy a perdonar nada". ¿Pero quién es el que se fastidia si no perdona? El que vive en amargura es el herido. Por eso el perdonar no tiene que ver con quien nos ha lastimado; de hecho, la gran mayoría de las personas que nos hirieron todavía no se han enterado. No debemos esperar a que nos pidan perdón para nosotros perdonar. El perdonar es como construir un puente por el cual tarde o temprano nosotros mismos tenemos que pasar. Total, al fin y al cabo comprendemos que quien nos ha fallado es porque le han fallado primero. Recuerda que nadie puede dar de lo que no tiene. Para perdonar hay que entrar en la dimensión de comprender a la persona que nos ha herido, analizar su historia y evaluar qué experiencias de vida ha experimentado. Nunca olvidaré a un joven que me decía con furia que su papá era malo. Le pregunté que por qué decía eso de su papá. Me respondió que nunca su papá lo abrazó, nunca lo besó, nunca le dijo que lo quería y una vez estando en el río intentó ahogarlo. Mi segunda pregunta no se hizo esperar: ¿A tu papá nunca le han hecho un diagnóstico de salud mental?, a lo que me respondió: "Cuando llegó de la guerra le dijeron a mi mamá que él era esquizofrénico". Busqué de inmediato el libro de diagnósticos de salud mental (DSM) y fui explicándole al joven uno a uno los criterios de la esquizofrenia de los cuales el primero es "incapacidad para demostrar afecto". El

La gran mayoría de las personas que nos hirieron todavía no se ha enterado.

joven lloró mucho al finalizar la sesión de consejería, pero esta vez diciendo "mi papá no es malo, mi papá está enfermo".

Una de las personas a quien yo tuve que perdonar fue a mi mamá. Durante la adolescencia y la adultez joven sentí mucho coraje hacia ella. Cuando tomé la decisión de sanarme, comprendí que para perdonarla debía entenderla y que para entenderla debía conocer su historia. Una de las primeras cosas que supe en esta investigación fue que mi abuela la regaló cuando nació. Fue entregada a una tía que la maltrataba terriblemente. Desde muy pequeñita tenía que limpiar las tablas de madera del piso, arrodillada, puliéndolas hasta que ella se viera reflejada en la madera. Frente a la estufa le ponían un bloque y tenía que cocinar desde los cinco años de edad. Mi mamá es una persona sumamente inteligente por lo que se destacaba en la escuela.

La escuela era el único lugar donde se sentía valiosa, porque los maestros la admiraban por sobresalir con excelencia. Sin embargo, su tía todos los veranos le decía: "El año que viene no vuelves a la escuela". Una tarde compartiendo con mi madre en la sala de la casa me narró cómo la dejaron abandonada en una casa que ella desconocía para que fuera la sirvienta, pero logró fugarse.

Cuando comprendemos los procesos emocionales de quienes nos han lastimado aportamos mucho a nuestra sanidad interior. No es justificar a quien me ha hecho daño, porque nada justifica a quien me ha hecho daño, pero cuando lo entiendo, me sano porque sé que lo que me hizo no necesariamente fue en forma planificada, sino que lo hizo porque no tenía las herramientas para actuar de otra manera. Mi mamá, ni siquiera tuvo madre, no hubo un modelo a quien imitar y quien estuvo, no fue saludable. Ahora estoy convencida de que Mami ha hecho una versión supermejoradísima de la que vivió ella.

En la experiencia práctica me he percatado que las personas a quienes más necesitan perdonar los pacientes son sus padres. Lo impactante de esto es que cuando nos enfrentamos a la curación de la herida podemos entender que nuestros padres son dos niños heridos adultos. Esto no quiere decir que no seamos conscientes de que nos lastimaron muy profundamente y que esas heridas han tenido consecuencias muy perjudiciales para nosotros, que así como los entendemos a ellos, también nos entendamos a nosotros. Sin embargo, no sabían lo que hacían. Nuestro Señor Jesús tuvo esto muy claro en la cruz cuando dijo sobre quienes lo quebrantaron: "Padre, perdónalos porque no saben lo que hacen". ¿Puedes comenzar hoy el proceso de perdonarlos porque no sabían lo que hacían? Cuando entramos en esta comprensión sustituimos el coraje por misericordia, y en lugar de lanzarles la piedra, sustituimos esas piedras por amor.

Elementos que condicionan el proceso de perdonar

¿Qué elementos influyen en cómo se da el proceso de perdonar y cuánto tiempo dura? Indiscutiblemente, de quién proviene el daño tiene una gran influencia, no es lo mismo que te haya herido Juana Lamata Puercos a que te lo haya hecho tu mamá o tu papá. A Juana tú no la conoces por eso no te afectaría tanto, pero es muy triste que quien te haya fallado sea alguien a quien tú le hayas entregado tu corazón y en quien hayas confiado.

Otro elemento que influye en el proceso de perdón es si todavía estás viendo consecuencias negativas del daño que te hicieron. La magnitud del daño es otro factor, porque no es lo mismo que te digan "no tengo deseos de verte" a que te digan "dejé de amarte". Pero el factor de mayor peso en cómo se da el proceso de perdonar y cuánto dura eres tú mismo. Eres tú quien determina cuánto va a afectarte lo que te hicieron y cuánto tiempo te tardarás en darle un cierre.

> **Eres tú quien determina cuánto va a afectarte lo que te hicieron y cuánto tiempo te tardarás en darle un cierre.**

El perdón a mí mismo

Hasta este momento hemos discutido el perdón concedido a quienes me han hecho daño, pero...¿y cuando soy yo mismo quien me he lastimado? El perdón más complejo es el perdón a mí mismo por cuanto yo siempre me tengo conmigo. Tal vez a la persona que me hirió decido no volverla a ver, pero la voz de mi interior está permanentemente en mí y puede estar haciendo acusaciones. Esa voz hay que mandarla a callar. Cuando la mujer tomada en acto de adulterio se arrojó a los pies de Jesús para que la protegiera porque venían a apedrearla hasta matarla, Él le hizo una exhortación a la multitud: "El que de vosotros esté sin pecado sea el primero en arrojar la piedra contra ella" (Juan 8:7). Jesús nos da una gran lección en esta experiencia. El Señor nos enseña que todos cometemos errores.

El perdón más complejo es el perdón a mí mismo por cuanto yo siempre me tengo conmigo.

Jesús no la condenó. ¿Sabes? El Señor cuando te mira no te ve con tus faltas, sino que cuando Él te mira te ve con todas las potencialidades de quien está siendo transformado para sus propósitos en el reino. Así que no utilices más ese látigo de autoflagelación. Es el día de perdonarte, comprenderte y aprender de lo que has vivido.

La falta de perdón a uno mismo produce grandes sentimientos de culpa. Los sentimientos de culpa también son aprendidos, ya que son resultado de la domesticación que nos han hecho de lo que es *importante*. Considero con toda seguridad que la culpa es la peor de todas las emociones ya que es la más que hace que se gaste energía emocional y espiritual. No es justo que te inmovilices en el presente, te deprimas y te sientas ansioso por algo que ya pasó. Así como se entra en la dinámica de entender los procesos de quienes nos han herido para comprenderlos y poder sanar, así también se aplica hacia uno mismo. Es imprescindible que puedas entenderte, por eso podrías hacerte preguntas como: ¿cuál era mi realidad cuando cometí aquel error?, ¿qué estaba ocurriendo a mi alrededor?, ¿cómo yo estaba psicológicamente en aquel momento?, ¿para qué lo hice? Pásate la mano suavemente, sino lo haces tú es muy poco probable que encuentres a alguien que lo haga por ti. Eso sí, no te olvides del consejo que Jesús le dio a aquella mujer: "No vuelvas a cometer el mismo error".

El perdón de Dios

Es importante también que comprendas cómo es el perdón de Dios hacia nosotros. El perdón de Dios es difícil de comprender porque es muy distinto al nuestro. En el perdón de Dios sí hay olvido. Dice la Biblia que "Él toma nuestras faltas, las arroja a la profundidad del mar y no se acuerda más de ellas". ¡No te pongas el traje de buceo!

Cuando Él te mira te ve con todas las potencialidades de quien está siendo transformado para sus propósitos en el reino.

Ejercicio de perdón

Escribe sobre la línea el nombre de la persona que consideras que más daño te ha hecho. Luego, identifica cinco razones por las que perdonas a esa persona y las consecuencias que el daño trajo a tu vida.

_____te perdono por:

- •
- •
- •
- •
- •

La forma en que estos eventos me han hecho daño ha sido la siguiente:

_____

_____

_____

_____

_____

Hoy _____(fecha) comienzo mi proceso de perdonarte en el nombre de Jesús.

Ejercicio de perdonarme a mí mismo

YO ME PERDONO POR:

-
-
-
-
-

Esto trajo como consecuencia a mi vida que:

_____

_____

_____

_____

_____

Hoy _____ (fecha) comienzo mi proceso de perdonarme a mí mismo en el nombre de Jesús.

DÍA 5

No mirar más hacia atrás

Mirad bien, no sea que alguno deje de alcanzar la
gracia de Dios; que brotando alguna raíz de amargura,
os estorbe, y por ella muchos sean contaminados.

—HEBREOS 12:15

"¿De qué le sirve al dueño de la casa matar todas las
ratas si no destruye sus nidos? En poco tiempo, la casa
estará inundada de más ratas. De manera parecida,
no se trata de eliminar las faltas, sino su nido".

—JUAN C. VILLEGAS, AUTOR

No mirar más hacia atrás

Hace algunos años, cuando todavía no había comprendido la vital importancia de ser feliz, salí de la bolera y caminaba hacia mi carro. Ese día estaba muy triste. Me encanta jugar boliche, aunque mi puntuación es terrible. Usualmente cuando voy a jugar me dan "una pela" (me ganan). Aunque estoy segura que la bola más linda es la mía porque tiene brillo y tiene mi nombre grabado, para que ustedes vean que las apariencias engañan. Bueno...pues un día en particular estaba pasando por una crisis, sin poder ver todo lo bueno que estaba sucediendo a mí alrededor. Como estaba distraída, hablando con mis amigos, entré al carro con el estuche de la bola todavía en las manos. Me percato entonces que no quepo en el asiento del conductor con todas las cosas que cargo, e hice lo que todas las mujeres hacemos cuando algo nos molesta en el asiento del frente; lo eché en el asiento de atrás. Pero cuando tiro hacia el asiento de atrás el estuche, tumbé el espejo retrovisor. En el mismo instante que el espejo retrovisor cae, escucho la voz de Dios. Cuando se escucha la voz de Dios uno sabe que la ha escuchado. Es imposible confundirla. Yo escuché que Dios me habló y me dijo: "NO MIRES HACIA ATRÁS". Desde ese día tan maravilloso, he hecho toda una exégesis sobre el uso del espejo retrovisor. Por supuesto que su función es para mirar hacia atrás, pero ¿en qué momento? Sólo en los momentos en que sea necesario, por precaución. ¿Qué ocurriría si fuéramos en nuestros autos mirando todo el tiempo por el espejo retrovisor? Seguramente tendríamos un accidente mortal. Así mismo nos pasa cuando vamos en el auto de nuestras vidas mirando todo el tiempo por el espejo retrovisor, estaríamos chocando todo el tiempo. Es de sabios mirar el pasado de vez en cuando como medida de precaución, para no cometer los mismos errores. El pasado es un punto de referencia para la autoprotección. De hecho, es para lo único que nos sirve el pasado. Para lo único que nos sirve es para aprender. Es bastante absurdo sufrir indefinidamente por cosas que al día de hoy no podríamos hacer nada para que fueran distintas. Ojalá y existiera la máquina de viajar por el tiempo. *"Volver al futuro"* está únicamente en la

> **El pasado es un punto de referencia para la autoprotección. Para lo único que nos sirve es para aprender.**

mente de Steven Spielberg, el cineasta judío que creó esta película. Lo que pasó ya pasó (Eclesiastés 3:15) y es una pérdida de tiempo continuar en lamento por eso. Deriva la lección de la experiencia del ayer, cómela e internalízala, sólo eso vale la pena. Dios quiere hacer algo nuevo, pero mientras mantenemos nuestras manos llenas del pasado, ¿en qué manos vamos a sostener el presente y el futuro?, ¿en qué manos podemos cargar todas las bendiciones para el cumplimiento de nuestro propósito? Es más, ya puede haber una manifestación gloriosa de Dios en nuestras vidas hoy, en la forma en que nos usa, en la manera en que nos regala su amor y su misericordia. Pero como todavía estamos con las manos llenas del pasado, no podemos disfrutar de

> **Dios quiere hacer algo nuevo, pero mientras mantenemos nuestras manos llenas del pasado, ¿en qué manos vamos a sostener el presente y el futuro?**

sus manifestaciones portentosas. ¡Soltemos el pasado!, y esperemos con las manos vacías a que Él vaya colocando en nosotros todo lo bueno que ya está predestinado para nuestra gran victoria y podamos saborearlo.

Muchos tienden a vivir en constante lamento por el dolor del ayer. Aún los que no lo hacen frente a otros, porque frente a los demás "todo está bien", en su interno hay un frío y sombrío crujir de dolor por aquello que no pueden cambiar. Se atormentan con los "yo debí", "si yo hubiera", "cometí un error", "no me perdono", "no perdono", "por culpa de…" y se quedan atados, sin recordar que el Señor nos ha hecho libres. Mientras no nos desatemos del pasado, no podremos alcanzar niveles espirituales más altos. Ya es tiempo de tomar la decisión de deshacerse de los odres viejos para que recibamos saludablemente el vino nuevo.

Una mujer viene a mi oficina a tomar consejería. Fue referida por su psiquiatra ya que llevaba mucho tiempo en tratamiento para combatir la depresión y por más cambios que se le hicieron en medicamentos antidepresivos, no se había visto ningún resultado positivo.

Al tenerla frente a mí le pregunté:

— ¿Tú puedes identificar alguna razón por la que
estás deprimida?
— Sí.
— ¿Por qué razón?
— Por mi divorcio.

La entendí porque según los estudios psicosociales científicos el divorcio es el estresor más grande que un ser humano puede pasar. Es un estresor más grande que la viudez, porque en la viudez el muerto está muerto, pero en el divorcio el muerto está vivo, y caminando por ahí. En la viudez uno se queda con todos los bienes y cobra los seguros, pero en el divorcio ocurre un fenómeno sociológico que se llama "pauperización femenina" donde se plantea que la mujer queda más pobre después del divorcio y los hombres sienten que dejan sus sueldos en las pensiones alimenticias. En la viudez, uno siempre sabe dónde está el muerto, pero en el divorcio uno siempre quiere saber dónde está el muerto, con quién está y qué están haciendo. Así que hasta cierto punto sentí empatía con aquella mujer y la comprendí, entonces le pregunto:

—¿Te divorciaste ya, o estás actualmente en el proceso de divorcio?

—No, ya me divorcié.

—¿Hace cuánto tiempo?

—Hace doce años.

¡WAU! Doce años sin poder darle cierre a ese evento. Luego, me puse a evaluar y me dí cuenta que la mayoría de los seres humanos cargamos las cosas por mucho más tiempo de lo que las deberíamos estar cargando. Dejamos que esa situación dolorosa sea el centro de nuestras vidas, en lugar de reflexionar en todas las bendiciones que tenemos y de cuántas cosas el Señor nos ha librado. Si a ti te está pasando eso, ponte a pensar en la bendición de tu experiencia del ayer. Como dice en el Salmo 77: "Trae a la memoria los años de la diestra del Altísimo y reflexiona sobre sus maravillas antiguas". Cómo te ha hecho cantar aun en la más pesada noche, cuando las circunstancias fueron para que tal vez hasta estuvieras muerto. Mientras sigas viendo el pasado con dolor, tu presente continuará estancado y sin poder evolucionar a lo más grande que Dios anhela darte.

Mientras sigas viendo el pasado con dolor, tu presente continuará estancado y sin poder evolucionar a lo más grande que Dios anhela darte.

Hoy es un nuevo comienzo y una nueva oportunidad. Hoy podemos vislumbrar un punto de partida, sin la opción de mirar hacia atrás, porque entonces nos pasaría como a la

El pasado sólo continuará dañándonos en el presente si se lo permitimos.

esposa de Lot, que miró hacia atrás y se calcificó, se convirtió en estatua de sal y se estancó para siempre (ver Génesis 19:26). No vale la pena seguir evaluando y haciendo análisis de lo viejo, buscando quién tuvo la razón o si las cosas pudieron ser diferentes. Mira hacia el frente con toda la esperanza y toda la seguridad de que todo lo que te espera será mejor.

Hoy es un buen día para quitarnos el traje de víctimas. Hoy es un buen día para safarnos de la autocompasión y comprender que Dios quiere llevarnos de gloria en gloria y de poder en poder. El pasado sólo continuará dañándonos en el presente si se lo permitimos. Por eso levántate con autoridad y dile a tu historia que sólo será tu esclava de bendición y no tendrá ninguna cabida de maldición. A veces para lograr esto es necesario alejarnos emocional y hasta físicamente de algunas personas. Lo importante es nuestra salud mental.

Seguramente alguien te ha lastimado, alguien te ha traicionado, alguien te ha maltratado, alguien te ha desilusionado, alguien te ha mentido, alguien te ha perseguido, alguien ha sido injusto contigo; pero la buena noticia es esta: nosotros somos quienes tenemos el poder y el control de no permitir que nuestro pasado empañe nuestro presente. El presente es ahora, aunque ese pasado haya ocurrido esta misma mañana. Debes recordar que tienes el poder de escoger *no mirar hacia atrás*. No te aferres al pasado, no te aferres a los recuerdos tristes; lo que pasó, pasó. No revivas los dolores y sufrimientos antiguos. Decide que de hoy en adelante pondrás tus esfuerzos en ser feliz.

DÍA 6

Reconstruir tus pensamientos

Llevando cautivo todo pensamiento a la obediencia a Cristo.
—2 Corintios 10:5b

"Si usted cambia su manera de pensar,
Dios puede cambiar su vida".
—Joel Osteen, pastor

Reconstruir mis pensamientos

"La mente puede crear la más deslumbrante belleza o la más devastadora destrucción", así expone el psicoterapeuta de origen italiano, Walter Riso. En la Biblia, el apóstol Pablo nos enseñó que tenemos que "renovar la mente en Cristo" (vea Efesios 4:21-24). Esto es así porque todas nuestras emociones son el resultado de lo que pensamos. Es imposible sentir tristeza, sin haber tenido antes pensamientos que provoquen tristeza. Es imposible sentir coraje hacia alguien, sin

> **Todas nuestras emociones son el resultado de lo que pensamos.**

haberse puesto a pensar primero en el daño que la persona hizo. Es imposible sentir miedos, sin haberse puesto a pensar en la forma y en quienes me fallaron. La mente es la responsable principal de nuestro sufrimiento. Somos nosotros mismos los que permitimos estados de ánimo negativos al darle acceso a pensamientos negativos.

William James, el padre de la psicología americana, dijo una vez: "El pensamiento es el creador de nuestra experiencia". Pensar nos ayuda a darle sentido a lo que vemos; necesitamos pensar para sobrevivir en el mundo y darle significado a la vida. No obstante, cuando entendemos la verdadera naturaleza y el propósito del pensamiento, nos damos cuenta de que no es necesario hacernos esclavos de todo lo que pensamos, y que sí podemos sosegarnos. Nuestros pensamientos no son la "realidad", sino solamente intentos de comprender situaciones particulares. Nuestra interpretación de lo que vemos produce una respuesta emocional.

No sólo lo que está alrededor de nosotros se convierte en lo que pensamos, sino también que nosotros mismos nos convertimos en lo que pensamos de nosotros. Si se piensa "soy un fracasado", en eso me convierto, es lo que proyecto y es a lo que me ato. Una crítica de sí mismo no es otra cosa que la mente hablando de cosas viejas. Es una proyección de mensajes que hemos recibido en el pasado.

Como hemos señalado, la raíz de las emociones que nos hacen daño, está en lo que pensamos. ¿Qué es lo que tenemos que hacer entonces? Reconstruir nuestros pensamientos. Visualiza que estás en un restaurante al aire libre disfrutando de un banquete y de repente se acercan moscas a tu plato. Esas moscas no las llamamos a nuestro plato, ni siquiera nos gustan las moscas. Llegan a dañar nuestra exquisitez, el banquete

34

que tenemos en nuestra mesa. ¿Qué hacemos con esas moscas? Para librarnos de ellas hay que espantarlas. Espantamos todo aquello que no nos produce paz, porque lo que no produce paz, no proviene de Dios. Esto parece obvio, sin embargo, si lo comprendiéramos mejor, viviríamos más felices. Hay que pensar positivamente, "todo lo verdadero, todo lo honesto, todo lo amable, en todo lo puro, en

Espantamos todo aquello que no nos produce paz, porque lo que no produce paz, no proviene de Dios.

todo lo justo, si hay virtud alguna, si algo digno de alabanza, en esto pensad" (Filipenses 4:8). Inmediatamente que nos encontremos con un pensamiento negativo, produciéndonos una emoción negativa y llevándonos a comportamientos negativos; ese pensamiento hay que espantarlo y cambiarlo. Podemos traer a nuestra memoria las promesas de Dios. Por ejemplo, si el pensamiento es que "estoy mal económicamente", pues piensa que el Señor es nuestro proveedor, que "no hay justo desamparado, ni su simiente que mendigue pan" (Salmo 37:25). Si el pensamiento es que algo malo va a pasarme, pues concéntrate en que: "ninguna arma forjada contra mí, prosperará" (Isaías 54:17).

Las promesas de Dios son afirmaciones positivas. Las afirmaciones son las declaraciones que hacemos. La Palabra tiene un gran poder en nuestro interior y en el ambiente. Muchas personas limitan su felicidad porque no conocen el poder que Dios les ha a dado a través de su Palabra y de lo que se articula. Por eso Jesús dijo: "Si permanecéis en mí, y mis palabras permanecen en vosotros, pedid todo lo que queréis, y os

La Palabra tiene un gran poder en nuestro interior y en el ambiente.

sera hecho" (Juan 15:7). Al descubrir esto, hemos descubierto automáticamente el antídoto para la tristeza, la ansiedad, la soledad, las culpas y el miedo. Recuerdo aquella tarde en la que sólo faltaba una semana para abrir el centro de consejería y me dijeron que era imposible que se tuviera electricidad en el local hasta tres meses después por las condiciones tan precarias del lugar. Esto me lo informaron mientras manejaba mi automóvil. Estacioné el carro en el paseo de la autopista y le dije a Dios: "Tú me dijiste que este Centro es para honrar y glorificar tu nombre. Sé que cuando nos esforzamos y somos valientes, tú estás con nosotros como poderoso gigante, creo que en esta situación veré una manifestación de tu poder". Cuando llegué al lugar me informaron que ya teníamos luz y la inauguración se realizó en la fecha programada. En menos de un año también nos mudamos a un local tres veces más grande. Ese es el poder de Dios manifestado luego de una declaración en fe. Pensé positivamente, creí, declaré un absoluto y disfruté del milagro. ¿Qué me hubiera pasado si hubiera aceptado esa mala noticia y me hubiera puesto a pensar en forma negativa? Tal vez estaría hoy dando consejerías a la luz de las velas.

En otra ocasión mi madre sufrió un infarto y yo estaba en el hospital viendo como respiraba artificialmente, me entró una llamada de la caseta de seguridad donde vivo. El guardia me dijo que debía llegar hasta mi casa porque se estaba quemando. Mami moribunda y la casa en llamas. Ese día entendí que la locura también es una decisión porque en ese momento quise correr por los pasillos del hospital donde mi mamá estaba recluida. En lugar de eso, decidí trabajar con mis pensamientos. Yo quería a mi mamá viva porque todavía necesitaba aclarar y cerrar unas cosas emocionales con ella y además necesitaba mi restauración en un momento en el que me encontraba en una condición económica precaria luego de un proceso de divorcio sumamente doloroso. Tenía 27 años de edad y no tenía mucha experiencia, ni defensas para la vida, lo que hacía todo doblemente complejo. Pero el Señor me dio una gran lección: "Piensa positivamente, declara el absoluto, mira las cosas con tus ojos espirituales y no con los carnales y todo estará bien".

Lo que estaba a mi alrededor era tan complejo para mí que no sabía qué hacer, sin embargo, saqué las fuerzas para pensar así: "Para Dios todo es posible" (Lucas 1:37; 18:27; Mateo 19:26). Quería decir que para mí era imposible hacer que Mami se levantara de la cama y que mi casa fuera edificada sin dinero, pero para Dios sí era posible. Si yo lograba mantenerme en ese pensamiento sabía que iba a encontrar calma en medio de aquella tormenta y Dios iba a tener una respuesta a mi fe.

Mi mamá tuvo una transformación interna preciosa luego de su gravedad y pudo decirme cosas que yo tenía gran necesidad de escuchar. Mi casa está más bella que nunca y he sido restaurada de todas mis pérdidas, conociendo que estas experiencias han desarrollado la mujer que soy hoy para la gloria de Dios. Al fin y al cabo todo ha sido ganancia.

Tenemos que pensar que somos capaces de apropiarnos de todas las promesas de Dios y vamos a enviar afirmaciones positivas a nuestro ser interno diariamente. Debemos hacer declaraciones como las siguientes:

"Yo me amo y me acepto tal como soy".

"Nada externo a mí tiene el poder de afectarme".

"Yo he sido creado para ser feliz".

"Yo soy una persona exitosa".

"Dios me ama".

"Dios me bendice".

"Dios cuida de mí".

"Yo vivo en un eterno presente glorioso".

"Yo soy una persona sana física y emocionalmente".

"Yo perdono y me perdono".

"Yo estoy libre de culpas, libre de ansiedad y libre de miedos".

"Algo maravilloso ocurre en mí cada día".

"Yo me apruebo a mí mismo".

"Yo acepto la transformación gloriosa que Dios hace en mi interior".

Ejercicio:

Haz una lista de diez pensamientos negativos que llegan a tu mente con frecuencia y luego transfórmalos uno a uno en pensamientos positivos. Por ejemplo:

Pensamiento original:

Nada me sale bien

Pensamiento transformado:

Aunque esto no me salió como yo esperaba, voy a seguir intentándolo.

Pensamiento original:

Soy un fracasado

Pensamiento transformado:

He tenido éxito en muchas áreas de la vida

Transformación de pensamientos
negativos a positivos

	PENSAMIENTO ORIGINAL	PENSAMIENTO TRANSFORMADO
1.		
2.		
3.		
4.		
5.		

DÍA 7

Descubrir tu verdadera identidad

Antes de que te formase en el vientre te conocí,
y antes que nacieses te santifiqué, te di
por profeta a las naciones.

—JEREMÍAS 1:5

"Una vida sin identidad ni propósito,
es una muerte prematura".

—JOHANN GOETHE, ESCRITOR

Descubrir tu verdadera identidad

Dios nos ha creado de tal manera que ninguno de nosotros puede escapar al hecho de que a menos que descubramos nuestra verdadera identidad y sentido de destino y relevancia, la vida parece perder su esencia y significado. Conocer la identidad es la clave para disfrutar de la vida y de saborear su significado. La identidad explica quienes somos y qué hacemos aquí, qué se espera de nosotros y para dónde vamos.

Vivir fuera de la conciencia de nuestra verdadera identidad provoca vivir sin trascendencia, pues nos hace incapaces de reconocer cuál es la razón por la que existimos y por la

> **Es precisamente la identidad la fuente de donde procede el sentido de relevancia y propósito que afirma y define nuestra existencia.**

que existen todas las cosas. Además, todo esto nos hace vulnerables a sufrir crisis. Hasta que no descubras tu verdadera identidad, tu vida no tendrá significado porque es precisamente la identidad la fuente de donde procede el sentido de relevancia y propósito que afirma y define nuestra existencia.

Como somos criaturas, sólo Quien nos creó podrá mostrarnos nuestra verdadera identidad y razón de ser.

¿Quiénes somos? La Palabra de Dios dice de ti que eres:

1. El hijo amado de Dios
2. El heredero
3. Su perfecta creación
4. Santo
5. Escogido
6. Bendecido con toda bendición
7. Sellado para gloria
8. Predestinado a la victoria
9. Creado para la felicidad
10. La visión de Dios
11. La niña de sus ojos
12. Linaje (viene de realeza) escogido
13. Rey y sacerdote
14. Una extensión de Él en la Tierra

El Señor nos ha dado identidad, pero nosotros somos responsables de cuidarla, afirmarla y mantenerla. Las circunstancias de la vida muchas veces conspiran para que perdamos nuestra identidad. Pero sin conciencia de identidad se pierde el rumbo, no sabes quién eres ni para donde vas. Se vive, pero nada más que pasando y entreteniendo la vida. La vida pasa por ti, pero tú no pasas por ella. Sólo los que descubren su verdadera identidad podrán encontrar una razón auténtica por la cual vivir de manera creativa, con intensidad y constructivamente. ¿Qué cosas hacen que perdamos el sentido de nuestra verdadera identidad?

1. Enterrar la conciencia de a quién pertenecemos. Yo soy de Dios.

2. Cuando nos comportamos contrario a nuestra raíz divina (la esencia de Dios en nosotros).

3. Al tomar decisiones que nos hacen daño a nosotros y a otras personas.

4. Cuando nos desvinculamos de la visión y misión de lo que está establecido como los estatutos de Dios.

5. Al no poner en práctica sus enseñanzas.

6. Cuando creemos más lo que dicen otros sobre nuestra identidad que lo que Dios ha establecido.

La identidad que hemos recibido del Señor tiene dos dimensiones: una que es interior e invisible, lo que somos; la otra que es exterior y visible, lo que hacemos. Tanto lo que somos como lo que hacemos debe estar en armonía, complementarse y también evidenciarse en nuestras vidas. No podemos esconder lo que somos ni avergonzarnos de lo que hacemos. Cuando escondemos lo que somos o nos avergonzamos de lo que hacemos, algo está mal dentro de nosotros. No tenemos bien afirmada nuestra identidad.

Tanto lo que somos como lo que hacemos debe estar en armonía, complementarse y también evidenciarse en nuestras vidas.

La Biblia dice en Efesios 5:2 cómo debemos vivir en acorde con lo que Dios ha establecido como nuestra identidad; que andemos en amor, en el fruto del Espíritu que "es en toda bondad, justicia y verdad" (v. 9). El fruto del Espíritu es: amor, gozo, paz, paciencia, benignidad, bondad, fe, mansedumbre.

Vivir en el Espíritu es vivir en sintonía con nuestra verdadera identidad, la que Dios diseñó originalmente para nosotros y que está vigente hoy por la obra de Jesucristo.

Sugerencias para mantenerte viviendo en el Espíritu:

1. Ten una vida de devoción. Entra en intimidad con Dios. Allí donde nadie te ve y donde eres tú sin máscaras.

2. Afianza la paz interior. Busca la paz y síguela.

3. Reorganízate en forma más armónica por dentro y por fuera. En tu alma y en tu cuerpo.

4. Renuncia al materialismo: que el materialismo no sea tu dios.

5. Utiliza un lenguaje de bendición, como que ya eres un bendecido.

6. No entres en luchas con cosas que ya están vencidas.

7. Vive sin miedo.

He estado atendiendo personas en consejería por más de diez años y he visto hasta la fecha alrededor de 10,000 casos. Un día saliendo un poco frustrada de la oficina de ver a la gente sufriendo por las mismas cosas, le pregunté a Dios: ¿qué le pasa a tu pueblo? La gran mayoría de mis pacientes son cristianos y líderes en las iglesias. Todavía me estremece la contestación que Dios me dio: "ELLOS NO SABEN QUIENES SON". Indiscutiblemente cuando conocemos quiénes somos y actuamos basado en la gran verdad de nuestra identidad, la vida se vive de manera totalmente diferente. Quiero compartir contigo el poema "Instantes" que ha sido atribuido a Jorge Luis Borges, pero su origen está en duda. Parece que alguien le preguntó a Borges cómo viviría su vida si tuviera la oportunidad de volver a nacer. Por lo que se lee en el poema podemos inferir que el poeta hubiera vivido su vida más en acorde a su verdadera identidad.

Instantes

Si pudiera vivir nuevamente mi vida.

En la próxima trataría de cometer más errores.

No intentaría ser tan perfecto, me relajaría más.

Sería más tonto de lo que he sido, de hecho tomaría muy pocas cosas con seriedad.

Sería menos higiénico.

Correría más riesgos, haría más viajes, contemplaría más atardeceres, subiría más montañas, nadaría más ríos.

Iría a más lugares adonde nunca he ido, comería más helados y menos habas, tendría más problemas reales y menos imaginarios.

Yo fui una de esas personas que vivió sensata y pro-
líficamente cada minuto de su vida; claro que tuve
momentos de alegría.

Pero si pudiera volver atrás trataría de tener solamente
buenos momentos.

Por si no lo saben, de eso está hecha la vida, sólo de
momentos; no te pierdas el ahora.

Yo era uno de esos que nunca iban a ninguna parte sin
termómetro,

una bolsa de agua caliente, un paraguas y un
paracaídas;

Si pudiera volver a vivir, viajaría más liviano.

Si pudiera volver a vivir comenzaría a andar descalzo a
principios de la primavera y seguiría así hasta concluir
el otoño.

Daría más vueltas en calesita, contemplaría más amane-
ceres y jugaría con más niños, si tuviera otra vez la vida
por delante.

Pero ya tengo 85 años y sé que me estoy muriendo.

La buena noticia es que todavía tienes la oportunidad de
vivir tu vida de una manera diferente. ¡Yo voy a ti!

DÍA 8

Desarrollar tu verdadera identidad

Ya no vivo yo, más vive Cristo en mí.

—GÁLATAS 2:20

"Verdad es una palabra compuesta de 'ver' y 'dar'.
La verdad es que puedas ver
lo que Dios te ha dado".

—ELIÚ SANTOS, TEÓLOGO

Desarrollar tu verdadera identidad

Vivir siendo esclavos de ciertas áreas de nuestro temperamento ocurre debido a que hemos perdido el sentido de nuestra identidad en Dios. Cuando tú conoces la verdad sobre quién eres en el plano espiritual y natural encuentras LIBERTAD (Juan 8:32).

Tú eres el perfecto diseño de Dios, su máxima expresión, creado a su imagen y semejanza. Esa es la verdad sobre quien tú eres. Cualquier pensamiento sobre ti, contrario a esto no es la verdad. En Romanos 2:12 dice que "nuestra transformación debe ser en la mente". Renovando tu mente significa cambiar tu condición presente, colocando pensamientos nuevos, un estado de conciencia sobre tu yo auténtico.

Además de reconstruir tus pensamientos, para que tu identidad verdadera pueda fluir debes desarrollar cinco relaciones armónicas:

1. La primera es la relación entre Dios y tú. Como tú eres una extensión de Dios en la Tierra, es vital que te mantengas en conexión con la Fuente.

2. La segunda es la relación contigo mismo. Si las áreas de tu vida no están reconciliadas contigo, no podrán fluir con los demás.

3. La tercera es la relación entre tú y otras personas. En la medida en que amas a otros obtienes paz y felicidad. En la medida en que estás en paz con otros obtienes felicidad y amor. En la medida en que brindes de tu felicidad a otros vivirás en paz y no te faltará amor.

4. La cuarta es la relación entre tú y tus dones. Los dones son los regalos que Dios ha colocado en ti para manifestar su poder. La evolución del propósito de tu vida se da en acorde con la manifestación de tus dones.

5. La quinta es la relación entre tú y lo que logras. Tú con los resultados. Los frutos son el mejor cronómetro para medir si todas las demás relaciones armónicas están fluyendo.

Cuando vives dentro de tu verdadera identidad no vives por lo que ves, sino por lo que crees (Mateo 17:20). Puedes estar viendo a tu alrededor una cosa, pero tienes la seguridad de que Dios está haciendo obra a tu favor. Sabiendo que las promesas de Dios son reales y van a cumplirse. Podría ser que en estos momentos estés pasando por una situación inesperada que sacuda tu fe, pero recuerda esta historia:

Marta, la hermana de Lázaro le dijo a Jesús: "Si tú hubieras estado aquí mi hermano Lázaro no habría muerto". Jesús le dijo: "Todo lo que veas, que voy a hacer es para la gloria de Dios" (Lee Juan 11:1-44).

> **Cuando vives dentro de tu verdadera identidad no vives por lo que ves, sino por lo que crees.**

La circunstancia era de muerte, de desolación, pérdida y desesperanza. Pero Jesús, no perdiendo de perspectiva su verdadera identidad, sabiendo que Él es el Cristo, no miró lo que estaba pasando, sino lo que Él haría para que la gloria de Dios fuera mayor. No hubiese sido lo mismo si Jesús hubiese llegado en la enfermedad de Lázaro y éste sanara, a que lo sacara del sepulcro cuado ya estaba podrido el cadáver.

Marta, sin embargo, como resultado de la tristeza, no podía entender. Jesús le dijo: "¿No te he dicho que si crees, verás la gloria de Dios?" (ver Juan 11:39-41). Todos nosotros tenemos el mismo poder, la misma autoridad y la misma unción que Jesús. Él dijo que cosas aún mayores que las que Él hizo, tú puedes hacer (ver Juan 14:12).

¿Cuáles son las consecuencias de vivir fuera de tu verdadera identidad?

1. Dificultad en la toma de decisiones. Quien rige es tu parte almática (emociones, sentimientos y voluntad).

2. Te puedes convertir en piedra de tropiezo para los demás.

3. Encontrarte deprimido (porque no te estás viendo tal y cual eres).

4. Ansiedad constante porque ves las circunstancias mucho más grandes de lo que en realidad son, frente a quien eres tú en el plano espiritual.

5. Te estancas.

Ejercicio:

Diseña un plan para desarrollar las cinco relaciones armónicas:

RELACIONES ARMÓNICAS	PLAN DE DESARROLLO
1. Entre Dios y tú	
2. Contigo mismo	
3. Entre tú y otras personas	
4. Entre tú y tus dones	
5. Entre tú y lo que logras	

DÍA 9

Amarte más

Ama al prójimo tanto…
como te debes amar a ti.
—MARCOS 12:33

"Las personas valen tanto…
como se estiman".
—FRANÇOIS RABELAIS, ESCRITOR

Amarte más

Nos han domesticado a pensar que amarnos a nosotros mismos está mal y que es un acto de egoísmo. Sin embargo, la enseñanza bíblica es bien clara; no puedes amar a nadie (saludablemente) sino te amas a ti mismo primero. Ama, mucho, mucho, mucho al prójimo en la misma medida en que te debes amar a ti mismo (Levítico 19:18).

Nos enseñaron que debemos pensar en los demás, a suplir las necesidades de otros, antes que las nuestras, a darles más importancia que a nosotros mismos. Pero el valor

El valor y el amor que le das a los demás, está totalmente relacionado con el valor y el amor que sientes por ti.

51

y el amor que le das a los demás, está totalmente relacionado con el valor y el amor que sientes por ti. Si no tienes amor para ti, ¿dónde está tú reserva para dárselo a otros?

Amarte a ti mismo es sentirte importante, es saber que eres un ser completo, precioso y de gran valor. Que tienes virtudes y también áreas de oportunidad (no le llamamos defectos, lo que existen son oportunidades de mejoramiento). Cuando reconoces esto, te importa muy poco lo que la gente piensa de ti.

Cuando estamos seguros de quienes somos, no necesitamos la aprobación de otros.

Cuando estamos seguros de quienes somos, no necesitamos la aprobación de otros.

Tristemente, la mayoría de la gente basa su amor propio en las experiencias que tiene dentro de sus relaciones interpersonales. Estas experiencias pueden desarrollar creencias inadecuadas, entre las cuales podemos identificar las siguientes:

1. Si no caigo bien a alguien, tengo la sensación de no valer nada como persona.
2. Necesito la aprobación de los demás para sentirme feliz y valioso.
3. Si no soy querido por una persona, no me puedo sentir realizado.
4. Si alguien me rechazara, pensaría que algo yo estoy haciendo mal y que es mi culpa.
5. Debo ser querido por los demás para sentirme importante.
6. Las personas que alcanzan grandes logros son más valiosas que las demás.

7. Me siento inferior a las personas que son más inteligentes y más lindas que yo (esto es totalmente relativo).

8. Me siento menos valioso cuando fracaso en algo.

9. Las personas me despreciarían si descubrieran todos los errores que he cometido.

10. Siento que debería intentar ser perfecto.

11. Me altero y hasta pierdo el control si los demás no cumplen con mis expectativas.

12. A menudo, me siento culpable si alguien está molesto conmigo.

13. Soy muy autocrítico si veo que no puedo complacer a todo el mundo.

14. Creo que mis altibajos emocionales dependen de factores que no puedo controlar.

El problema que más comúnmente veo en la gente sobre su estima es que está fundamentada en lo que los demás creen de ellos; lo que piensa mami, papi, los hermanos, los hijos, los amigos, la pareja, el jefe, el pastor y hasta el vecino. Sin embargo, lo importante es que tú comiences a verte como Dios te ve.

Cuando Dios te mira te ve como su hijo, con TODO lo que implica el ser hijo y heredero de Él. Dios te ve como miembro de la "nación santa" (tú eres santo). Dios te ve como "pueblo escogido", te ha escogido (lee 1ra de Pedro 2:9). Dios te ve como príncipe y sacerdote dentro de su propósito eterno. Dios te ve como alguien en quien puede confiar. Dios te ve perfecto a pesar de tus faltas, porque te reconoce como el justificado por gracia. Dios te ha dado una identidad, procura no estar cargando la identidad que NO ES.

Es importante sentir total seguridad en la persona que Dios ha diseñado que tú seas. El Señor te ha dado diferentes regalos dentro de tu temperamento y dentro de tu personalidad. Busca cuáles son esas cosas tan maravillosas que hay en ti, que te hacen una persona única y especial. No necesitas la aprobación de nadie. Acéptate tal cual eres.

Esto no quiere decir que no tengas que hacer un esfuerzo por modificar esas áreas de tu forma de ser que te hacen daño a ti y a las personas que amas. En la medida en que trabajes contigo esas áreas y aceptes todas las demás como un regalo de Dios, podrás vivir plenamente y feliz.

No permitas que otras personas te hagan sentir mal por quien eres. No permitas que otros te presionen, te controlen y te maltraten. Como hijo amado de Dios, tú no mereces eso. Recuerda que tú estás predestinado a la victoria y no a vivir en derrota.

He visto gran cantidad de personas en la clínica que al mirar hacia atrás se dan cuenta que han perdido su identidad para complacer a otros. No tenemos que caber en el molde de las demás personas, mientras tengamos la seguridad de que Dios está contento con nosotros y a Él le fascina la variedad. Claro está, que así como no debemos permitir que nos cambien, así tampoco nosotros debemos estar pretendiendo que los demás sean como nosotros queremos que sean. ¡No puedes cambiar a nadie! Más bien, debemos aprender a valorar las diferencias y complementarnos con las personas que están a nuestro lado.

Cuando te mires en el espejo siente orgullo de quien eres, de lo que has logrado. Haz el ejercicio de identificar más tus éxitos que las cosas que te han salido como tú no las esperabas. Es fabuloso ponerse una ropa linda, tirarse un beso y saber que has sido puesto aquí para triunfar. La actitud que tienes hacia ti mismo es esencial para la felicidad y sobre todo cuánto amor te demuestras.

La falta de amor propio trae consecuencias

Si no nos amamos a nosotros mismos es probable que estemos buscando llenar ese vacío con el amor de otra persona y se puede entrar en relaciones inadecuadas, con tal de recibir "amor". Si una persona no se quiere a sí misma, puede inclusive proyectar ese sentimiento y pensar que nadie saludable podrá quererla. De hecho, si se consideran poco atractivas, pueden aferrarse muy fácilmente a quienes se sientan atraídos por ellas. Cuando alguien saludable se acerca afectivamente, el que tiene autoestima baja se sorprende, duda

> **Si una persona no se quiere a sí misma, puede inclusive proyectar ese sentimiento y pensar que nadie saludable podrá quererla.**

de las buenas intenciones y hasta podría sabotear una posible buena experiencia en su vida. Es como si se dijera "si yo le gusto, algo malo tiene que tener". Ocurre entonces lo que se llama en la psicología "profecía autorealizable", o sea, te destinas a fracasar y fracasas.

Así como si no nos amamos estaremos buscando quién llene el vacío de amor a toda costa, estaremos buscando quien nos valore, si no nos valoramos a nosotros mismos. La valoración es la necesidad de reconocimiento y adulación. Esto crea una gran vulnerabilidad a los halagos, fuente principal de muchas infidelidades en las relaciones de pareja.

Tu valor es incalculable

El valor que tú tienes es el valor de quien ha sido comprador por precio de sangre, no lo olvides. Eres valioso porque Dios tiene planes específicos contigo desde que estás en el vientre de tu madre. Los planes que Él tiene contigo, son mucho más grandes de lo que estás viendo ahora, son mucho más grandes de lo que puedas imaginarte, eso es lo que te hace un ser con tanto, tanto, tanto valor. Eres una extensión de Dios en la Tierra. Tú eres sus ojos, sus oídos, su boca y sus pies. ¡ASÍ DE GRANDE ERES!

Hoy me amo más

Esta reflexión la escribí el 8 de febrero de 2009

Aprendí que soy una persona única, especial e
    irrepetible.
Que he nacido con un propósito específico y de
    trascendencia.
Llevo un pedazo de cielo dentro de mí.
Hoy me amo más porque he descubierto
que todos somos seres maravillosos que Dios soñó.

Tengo libertad, amor, ilusión
    y extraordinarias áreas para mejorar.

Cada error cometido ha sido un escalón para la
    victoria.
Cada caída ha sido una oportunidad
    para contactar mi humanidad.

Cada derrota me ha puesto en perspectiva
de lo que poseo en mi interior para triunfar.

Hoy me amo más porque he descubierto
el valor de la autenticidad.
No tengo que ser como otros quieren que yo sea.
Ahora pienso en lo que yo necesito y quiero.
Se han roto las cadenas de la complacencia social.
Total, cuando vivía para complacer a otros
siempre había gente que quedaba insatisfecha,
incluyéndome a mí misma, por supuesto.

Hoy me amo más porque pienso en lo que he
alcanzado más que en lo que perdí.
De hecho, ahora conozco que no he perdido nada,
sino que lo he ganado todo para ser mejor.

Me pertenecen mis triunfos, esperanzas, anhelos,
temores, ansiedades y fantasías.
El hecho de que estos me pertenezcan
me llevan a intimar con mi ser interno.
Al hacerlo me acepto y me admiro más.

Hay aspectos de la vida y de mi YO
que aún no entiendo y que me confunden
pero mientras esté al tanto y me respete
podré encontrar con valor y esperanza la solución.
Siempre la solución es productiva:
Hoy me amo más.

Ejercicio:

Usualmente, las personas tienen mayor habilidad en identificar sus cualidades negativas. Haz una lista de 10 cualidades POSITIVAS que tú tienes.

1.

2.

3.

4.

5.

6.

7.

8.

9.

10.

Pídeles a tres personas significativas en tu vida que escriban cinco cualidades positivas que ven en ti.

Persona 1: _____

1.

2.

3.

4.

5.

Persona 2: _____

1.

2.

3.

4.

5.

Persona 3: _____

1.

2.

3.

4.

5.

Cada vez que te dé un bajón de estima, recuerda las cualidades que has identificado y que te han identificado en este ejercicio. ¡Léelas con la mayor frecuencia posible!

DÍA 10

Superar los sentimientos de rechazo

Estad llenos de toda la plenitud de Dios que hay en vosotros.
—EFESIOS 3:19

*"La necesidad de aprobación de los demás equivale
a decir: Lo que tú piensas de mí es más importante
que la opinión que tengo de mí mismo".*
—WAYNE W. DYER, AUTOR

Superar los sentimientos de rechazo

Ya hemos discutido que cada acontecimiento ocurrido en nuestras vidas tiene un impacto en el presente. Las experiencias que tenemos a través de la vida van creando una imagen de quiénes somos y de cómo nos ven los demás. Muchas personas que tienen sentimientos de rechazo es porque les ha acontecido algo que los ha marcado.

¿Qué son los sentimientos de rechazo?

Son miedos irracionales de que otros no te aceptarán como eres, cómo piensas o actúas. Puedes tener un cuidado excesivo en velar tu comportamiento e interacciones con otras personas.

61

Te cuidas para no fallar y agradar. Los sentimientos de rechazo son un estado mental que te hace incapaz de hacer o decir cualquier cosa por miedo a no ser aprobado por otras personas. Las personas que sufren de la necesidad de ser aceptadas por todo el mundo tienen una gran dependencia al reconocimiento, o la afirmación para mantener sentimientos de adecuación personal. Estos individuos están constantemente preocupados por las reacciones de los demás hacia ellos.

Si te preocupa mucho que los demás te acepten todo el tiempo puedes privarte de ser auténtico perdiendo tu propia identidad en el proceso. Puedes imitar las maneras en las que otros actúan, visten, hablan, piensan, opinan, y funcionan con el fin de ganar aceptación.

Lo que otros dicen o piensan de ti determina cómo te sientes contigo mismo. Estás totalmente a la merced de otras personas para sentirte de un modo u otro.

Comportamiento típico de las personas que funcionan según el miedo al rechazo.

- Son poco o nada asertivas.
- No se expresan abiertamente ni dejan que los demás sepan cómo se sienten sobre algo, especialmente si sus opiniones son diferentes.
- No tienen ni el valor ni la capacidad de ayudar a otras personas a desistir de comportamientos autodestructivos, (por ejemplo, abuso de alcohol o drogas).
- Les falta el valor para funcionar de modos diferentes a los de otras personas, incluso cuando no disfrutan del comportamiento en el cual están implicados.

- Recurren a comportamientos pasivo/agresivos; es decir, una hostilidad disimulada que no permite ninguna comunicación abierta.

- Mantienen sus sentimientos ocultos, de manera que es difícil para los demás relacionarse con ellos.

- En privado expresan una gran cantidad de ira o depresión sobre lo desafortunada o infeliz que es su vida. Aún así, cuando los ayudan a tener en cuenta alternativas que implican la confrontación con otros, toman la actitud de "sí, pero...".

- Se sienten confusos en cuanto a su verdadera identidad, usando máscaras para complacer a otros.

- Huyen de los demás y de los encuentros sociales, en los que no se sienten capaces de ser naturales.

- Se obsesionan tanto con la necesidad de funcionar y actuar de la manera "prescrita" que llegan a ser rígidos, inflexibles, y cerrados a un comportamiento alternativo. Esto es así incluso si son infelices en el estilo de vida al que se atienen tan rígidamente.

- Son deshonestos consigo mismos, lo cual se transfiere a sus relaciones con los demás, convirtiéndose en deshonestos también con ellos.

La persona que vive con miedo al rechazo termina por alejar a los propios amigos, familia y personas que se preocupan de ella. Este alejamiento es visto como rechazo, y el círculo vicioso continúa con resultados negativos.

Autorechazo

Otro tipo de sentimiento de rechazo es el rechazo a sí mismo. En el autorechazo puede darse un abandono de uno y se refleja principalmente en comportamientos autodestructivos. Un ejemplo de comportamientos autodestructivos son: el uso de drogas, la adicción a la comida, las relaciones sexuales sin protección, tener alguna enfermedad y no atenderla. Para sobrepasar los sentimientos de rechazo hay que comprender que no le vamos a agradar a todo el mundo. Es muy bueno pedirle al Señor que nos llene de gracia con todos, pero siempre encontraremos a personas a quienes no le agradaremos. En mi experiencia me he percatado que cuando algunas personas no se sienten cómodas con otras es porque esa persona ha "tocado un botón personal". Es decir, le ha llevado a hacer una transferencia sobre alguna experiencia dolorosa o le ha recordado una persona que le hizo daño. También se ha descubierto que las personas rechazan en otros lo que les disgusta sobre sí mismos.

Recuerda que:

Hay mucha gente en el mundo con distintas vivencias, variedad de opinión y de expectativas. No podrás complacer a todo el mundo. A nadie le gusta el rechazo, pero todos podemos aprender a manejarlo y seguir hacia adelante.

Ejercicio:

Contesta las siguientes preguntas:

¿Quiénes son las personas que temo que me rechacen?

¿Cuáles son las emociones y los comportamientos que manifiesto cuando me siento rechazado?

¿Cuáles son los comportamientos saludables que debo adoptar cuando me siento rechazado?

DÍA 11

Vencer los temores

Mira que te mando que te esfuerces y seas valiente,
no temas, ni desmayes porque Jehová tu Dios,
estará contigo a donde quiera que tu vayas.

—JOSUÉ 1:9

"A lo único que hemos de temer es al miedo mismo".

—FRANKLIN D. ROOSEVELT,

PRESIDENTE DE EE. UU.

Vencer los temores

Una de las vacaciones más lindas y plenas que he tenido las viví en República Dominicana. Me encanta ese país. En el año 2003, fui con mis mejores amigos, Ezequiel y Jessie, a cruzar la Isla. Una de las zonas que más nos fascinó fue Jarabacoa. En Jarabacoa hay un río al fondo de un cañón donde tienen unos "rápidos". Los "rápidos" son una actividad turística que consiste en navegar sobre balsas a altas velocidades. Cada balsa tiene cabida para unas ocho personas que desde un punto de partida se envuelven en una serie de competencias que consisten en superar varios obstáculos que se encuentran a lo largo del río. En nuestro recorrido llegamos a un lugar donde había una charca. El guía de mi balsa, un joven atlético que había vivido toda su vida en Jarabacoa, comenzó a escalar una piedra de 32 pies de alto y se lanzó desde allí hacia el río. Cuando vi esto les dije a mis amigos que yo también lo quería hacer. Ellos me miraron con expresión de "oh Dios, la perdimos", pero luego me apoyaron como siempre.

El primer reto al que me enfrenté fue tener que subir aquella piedra inmensa, sin soga. Me percaté que para no caerme en mi camino hacia el tope, no debía mirar hacia atrás. Si miraba hacia atrás mi temor aumentaba. Para superar tu miedo, es bastante probable que necesites dejar de mirar hacia atrás. Tus miedos pueden estar relacionados a experiencias pasadas que te marcaron. Sientes miedo porque piensas que hay una historia negativa que se puede volver a repetir. En aquel momento lo único que me daba seguridad era mirar hacia arriba. Entendí esa experiencia como la mejor metáfora a mi vida. Cuando al fin llegué a la punta de la piedra, y me asomé hacia el río, me llené de un terror espantoso. Pensé en todas las cosas malas que podían pasarme; darme contra la roca y que el nivel del río bajara en el momento en que me lanzara, eran los más persistentes. Me veía muerta o con suerte, parapléjica. Pero, reaccioné porque los pensamientos negativos, trágicos y distorsionados son los mejores aliados del temor. La verdad es que tuve que hacer muchos intentos antes de lanzarme finalmente. Veía a toda la gente de la excursión abajo en el río gritándome "¡tírate!", no sé si porque querían ver ese espectáculo del lanzamiento o porque estaban locos porque yo me tirara para

> **Para superar tu miedo, es bastante probable que necesites dejar de mirar hacia atrás.**

ellos poder seguir la excursión. Le pedí a Dios una experiencia con Él dentro de esa aventura. Necesitaba que ya que estaba sudando tanto, que esa experiencia fuera aprovechada por el Espíritu Santo para hablarme, necesitaba que Él me ministrara sobre la confianza. Tomé impulso, corrí y me tiré sin pensarlo más. Cuando sentí el agua fría y rica del río, cuando subí súbitamente hacia la superficie y vi cadenas de flores "miramelindas" a mi alrededor, me di cuenta que el Señor siempre estaría conmigo en los lanzamientos de mi vida y que no tenía por qué tener miedo. Cuando terminaron las vacaciones, llegué a Puerto Rico y renuncié a mi trabajo de cinco años. Me senté a hablar con el que era mi jefe y le recordé una frase que había aprendido de él mismo "el que no se lanza mar adentro, jamás podrá conocer las maravillas de sus profundidades". Como mi exjefe es un hombre inteligente y sensible me entendió. De ahí comencé a trabajar para abrir un centro de consejería a un costo bastante competitivo. Yo no tenía dinero para realizarlo. A esta fecha han pasado varios años y verdaderamente Dios ha sido maravilloso. Él me ha revelado que no tengo que tener miedo porque Él es mi seguro sustento.

La frase "no temas", curiosamente, aparece 365 veces en la Biblia.[1] Es como si cada día del año el Señor nos dejara una nota aclaratoria de que no tenemos por qué temer. Sin embargo, ¿por qué nos aferramos al miedo?, nos aferramos porque puede ser un compañero conocido. Hay gente que ha vivido tanto tiempo con un temor, que ese temor ya es parte de su vida. Es lamentable que el miedo se haya hecho tan parte de ti que posiblemente hasta has aprendido a disfrazarlo. Puedes tener la falsa idea de que es más fácil permanecer asustado que enfrentarte al origen de tus temores. O sea, le tienes miedo a encarar el miedo. Para superar el miedo debemos arriesgarnos y enfrentarnos a su causa. Hay un principio en la milicia donde se recalca que para vencer al enemigo hay que conocerlo bien. Debes conocer de dónde viene tu miedo para poder combatirlo. Cuando llegues a la raíz de tu miedo, probablemente sentirás otras emociones como tristeza, frustración, coraje y ansiedad. Puedes encararte a dolores del pasado que todavía no has podido superar y que en el presente continúan estorbándote. Para poder resolver tus temores tendrás que enfrentarte al dolor del pasado y a lo que te está lastimando en el presente. Hay que enfrentarlo con la seguridad de que se va a vencer, tal y como se enfrentó David a Goliat (1 Samuel 17). Yo estoy convencida de que David no vio a Goliat tan grande como los demás lo vieron. Tú puedes ver la confrontación a tu miedo como un gigante o puedes ir frente a él con la piedra en la mano mirando fijamente en su frente el punto donde atinarás para que caiga al suelo.

> **Para poder resolver tus temores tendrás que enfrentarte al dolor del pasado y a lo que te está lastimando en el presente.**

Es de vital importancia trabajar con los temores, porque el miedo puede paralizarte o llevarte a situaciones donde pierdas el control. En Hebreos 12:12 dice: "Levantad las manos caídas y las rodillas paralizadas". ¡Hay que levantarse y caminar! Paralizado proviene de la palabra griega *paraluo*, esto se parece a como lo diríamos los boricuas *parao*. Así no puedes quedarte porque en el plan eterno de Dios tú eres un ser evolutivo. ¿Cuánto tiempo ya llevas en el mismo lugar?, ¿cuánto tiempo llevas sabiendo y reconociendo que debes moverte?, pero porque tienes miedo no has podido trascender.

El comportamiento del pueblo hebreo es el mejor ejemplo de parálisis producida por el temor. Después de experimentar una liberación gloriosa en la cual Dios sometió por completo a sus enemigos y se mostró fuerte en todo momento, dudaron y estuvieron en el desierto por 40 años dando vueltas en el mismo lugar. Personalmente recorrí esa ruta de Egipto a Jerusalén en vehículo y me tomó nueve horas. Los israelitas se tardaron cuatro décadas. Esto es así porque siempre los temores hacen que caigamos en la trampa de los ciclos que son horrorosamente dañinos. Luego, los israelitas se sintieron intimidados por completo cuando se enfrentaron a los gigantes de Canaán. Ellos exageraron el poder de sus enemigos, porque cuando tenemos miedo es así, vemos la situación mucho más grande y difícil de lo que en realidad con Dios es.

La preocupación es temor, es miedo a lo que puede ocurrir en el futuro. Sin embargo, es una gran pérdida de energía porque más del 90 por ciento de nuestras preocupaciones nunca se hacen realidad.

Vivir libre de temores, sin preocupación, se hace mirando el momento presente como un tiempo para vivir en vez de obsesionarse por el futuro. Cuando temes a lo que

> **La preocupación es temor, es miedo a lo que puede ocurrir en el futuro.**

"va a suceder", es como si estuvieras sufriendo a plazos. Si de algo debes percatarte es de lo absurdo que son la mayor parte de tus temores. Debes hacerte esta pregunta: "¿Habrá algo que yo pueda cambiar sobre mi situación sintiendo temor y preocupándome por eso?", o hazte a ti mismo esta pregunta que me ha resultado como una pregunta "quita preocupaciones":

"¿qué es lo peor que me puede pasar a mí con esta situación y qué posibilidades hay de que eso ocurra?". Hay personas que su temor está basado en el pensamiento de que van a fracasar. Uno de los miedos más comunes es el miedo al fracaso. Si equiparas lo que tú vales a los "fracasos" que has tenido en la vida estás fastidiado. Lo primero es que lo que te han enseñado que es un fracaso, posiblemente, no es un fracaso. En mi experiencia lo que yo creía que habían sido mis fracasos, con el tiempo me dí cuenta que habían sido los triunfos más grandes de mi vida. En segundo lugar, el fracaso suele ser tremendamente productivo. Es un incentivo al trabajo y a la exploración. Un empresario, dueño de una de las cadenas de hoteles mundialmente reconocida, le contó su historia a un reportero. Le dijo que en su país natal estaba buscando trabajo como barrendero, pero que como no sabía ni leer, ni escribir, no le dieron el trabajo. Este "fracaso" lo movió a mudarse a los Estados Unidos donde siguió escalando posiciones hasta que se convirtió en propietario de hoteles. El reportero absorto ante la biografía le dijo: "Si usted a llegado tan lejos sin saber leer, ni escribir, ¿qué sería de usted ahora si hubiera tenido estas destrezas" y el empresario le contestó; "sería un barrendero".

Tus fracasos pueden ser tu mejor motor para trascender.

Tus fracasos pueden ser tu mejor motor para trascender. Cuando le tenemos miedo al fracaso esquivamos todas las experiencias que creemos pueden terminar "mal". Todo lo que nos dé la impresión de que no será un éxito rotundo, lo evitamos. Pero sin fracasos no podemos aprender nada.

Otro miedo común es el miedo a lo desconocido. Este miedo es el que tiene mayor contenido de inseguridad personal. ¿Cuánta gente se queda en el mismo trabajo aunque no le guste? No se quedan en ese empleo porque tengan que hacerlo sino por miedo a la gran incógnita que significa un nuevo trabajo. Gran cantidad de gente se queda dentro de una relación matrimonial no satisfactoria, que obviamente no funciona, por temor a lo desconocido. No saben cómo les irá en ese nuevo estilo de vida y les da pánico la soledad. Se piensa que es "mejor malo conocido, que bueno por conocer". Podrías tener miedo a probar una nueva actividad porque crees que no la vas a poder hacer bien y esto contribuye a tu estancamiento. Tal vez siempre estás con la misma gente, sin arriesgarte y explorar el conocer otras personas que pueden aportar grandemente a tu crecimiento intelectual y espiritual.

La forma clínica de combatir el temor, es precisamente enfrentándote al estímulo que te causa miedo. O sea, si le temes a la soledad, procura pasar tiempo contigo mismo. Si le temes a las relaciones de pareja, date la oportunidad, si fracasas, recuerda que es aprendizaje y ganancia siempre. Si le temes a lo desconocido, visita nuevos lugares, pide de comer cosas diferentes. Si le tienes miedo a los cambios, ve al salón de belleza y dile a la peluquera que te haga un estilo diferente. Si le tienes miedo a hablar en público, exponte a actividades donde seas orador y líder. Esto es desensibilización, donde tendrás la oportunidad de hacerte receptivo al origen de tu miedo. Lo más importante que debes recordar del día de hoy es que no debes salir huyendo de tus miedos, sino encararlos para vencerlos en el nombre de Jesús.

Ejercicio:

Identifica cinco temores que tienes en estos momentos de tu vida:

1.
2.
3.
4.
5.

Según lo discutido aquí, ¿cuál va a ser tu plan de acción para combatir cada uno de los temores ya identificados en el cuadrado anterior? Escribe tres soluciones para cada uno de ellos.

1. a.
   b.
   c.
2. a.
   b.
   c.
3. a.
   b.
   c.
4. a.
   b.
   c.
5. a.
   b.
   c.

DÍA 12

Liberarte de los sentimientos de culpa

Mejor es tu misericordia, que la vida.

—SALMO 63:3a

"No hay nada más poderoso que la gracia, sin ella todos seríamos infelices y no tendríamos esperanza".

—JOYCE MEYER, ORADORA

Liberarte de los sentimientos de culpa

Estoy convencida que una de las emociones más terribles y destructivas que existe es la culpa. Tiene que ver con la imagen que se nos ha proyectado de Dios como un ser castigante, punitivo, que está con una barba larga detrás de su escritorio esperando que falles para señalarte. Este no es el Dios que yo he conocido en la Biblia, ni en las experiencias de intimidad con Él. Diariamente, nos enfrentamos a personas que están con un látigo lleno de púas autoflagelándose, diciéndose lo malos que han sido, lo mucho que han fallado, todos los errors que han cometido y lamentándose vez tras vez porque pudieron hacer las cosas en forma diferente a cómo las han hecho. Necesitas arrojar ese látigo hoy a la basura.

La culpabilidad es una forma de angustia porque te estás fijando en sucesos pasados. Puedes estar sintiéndote abatido y con coraje hacia ti por algo que dijiste o hiciste y gastas tus momentos presentes en estado de aflicción por cosas que hoy no puedes hacer nada para que sean diferentes. Los sentimientos de culpa son totalmente inútiles, ya que hacen que te inmovilices en el presente por algo que ya pasó. El que te sientas culpable no va a hacer que la historia sea diferente. Dios nos pide arrepentimiento, pero luego de su justificación por gracia, ¿por qué sigues cargando lo mismo? El grado de inmovilización que produce la culpa puede llevarte a trastornos de ansiedad y a depresiones severas. Sin embargo, como ya he señalado, aprender de tus equivocaciones es una parte sana y necesaria de tu crecimiento. Dios no promueve tus equivocaciones, pero las usa poderosamente para tu progreso y para el desarrollo del tesoro de la sabiduría.

Wayne Dyer, profesor de psicología en la St. John's University de Nueva York, escritor y orador internacional, identifica que hay un tipo de culpa que es autoimpuesta.[1] En este tipo de culpa el individuo se siente inmovilizado por cosas que ha hecho recientemente. Es la culpabilidad impuesta por sí mismo cuando se infringe una norma adulta o un código moral adulto. Entre las culpas autoimpuestas más típicas está la de haber discutido con alguien y luego detestarse por haberlo hecho; o el sentirse emocionalmente nulo debido a algo que ha hecho como haberse ido sin pagar de un negocio, no haber asistido a la iglesia, o haber dicho algo indebido.

> Aprender de tus equivocaciones es una parte sana y necesaria de tu crecimiento.

En este sentido, como nos lo presenta Dyer, podemos considerar la culpa como una reacción a residuos de normas que nos han sido impuestas y por las que se está tratando de complacer a alguien, seguramente a una figura de autoridad. Tal vez esa figura ni siquiera está cerca de ti físicamente, pero está "la vocecita" de esa persona en tu oído diciéndote que lo has hecho mal, como podría ser la de tu mamá, la de tu papá, de una expareja, o de un pastor, que hacen que te sientas culpable. Algunas iglesias son especialistas en hacer sentir culpables a la gente porque todo es malo. Inclusive, mantienen a sus miembros en un purgatorio constante y fatalista, sin mostrar amor y misericordia. Esto a Jesús le indignaba tremendamente sobre los fariseos, por eso les reclamaba que le ponían cargas a la gente que no podían sobrellevar. Pero las culpas más comunes son las que arrastramos por los mensajes escuchados en el seno del hogar de origen. Conversando una noche con un buen amigo, me contó que su madre fue muy abusada psicológicamente por su papá. Era víctima de las constantes infidelidades de su esposo y como padre abandonó emocionalmente a mi amigo y sus hermanos. Su madre terminó divorciándose, pero le decía que se había mantenido en la relación con el padre por su culpa, para que a ellos no les faltara nada. El tipo de mentalidad de "yo me sacrifiqué por ti" es un productor de culpa sumamente eficiente. Es cuando mamá o papá te han dicho que han echado a un lado su felicidad, para que tú puedas ser feliz, sin embargo, en estos casos, terminan infelices todos. Si este es tu caso debes comprender que en nada tuvo que ver contigo, cada cual en su libertad ha decidido lo que ha querido para su vida. Puedes ser que hayas escuchado también argumentos como: "eres un mal hijo porque no estás pendiente a nosotros, no nos llamas, no nos buscas, tú diviértete como siempre, mientras nos tienes aquí abandonados", "me estás matando", "por tu culpa estoy mala de los nervios", "me provocas vergüenza". A veces, cuando no hacemos análisis objetivos sobre estos comentarios, y los aceptamos como ciertos, necesitamos hombros bien grandes para llevar este tipo de culpa. Este arrastre puede proyectarse en las relaciones interpersonales del presente y podemos tener una gran vulnerabilidad a sentirnos responsables por todo lo negativo que ocurre, o sea, tienes puesto el parcho de "ES POR MI CULPA".

Trabajé con una paciente que tenía grandes sentimientos de culpa porque consideraba que no cumplía a cabalidad y con excelencia el rol de madre, esposa, trabajadora y ama de casa. La terapia consistió en que ella se percatara primeramente de la multiplicidad de roles que llevaba a cabo, que es imposible que lograra ejecutar perfectamente todas esas tareas y que se enfocara más en sus logros, en las tareas que terminaba, en lugar de reclamarse tanto por lo que no completaba. Realizó un ejercicio donde pudo organizar sus prioridades, incluyendo actividades que la autosatisfacían, o sea, que se dedicara tiempo a sí misma y que esto tampoco la hiciera sentirse culpable. No tienes que pensar que el mundo va a paralizarse porque te des un espacio.

Manejar la culpabilidad:

1. Cuídate de que la culpa impida que trabajes por ti mismo y por el momento presente. El momento presente es el único que existe porque el pasado ya pasó y el futuro es totalmente incierto.
2. Toma acción por sobre lo que te sientes culpable. Si modificas tu comportamiento, tendrás menos de que sentirte culpable después. Los sentimientos de culpa

pueden ser muy útiles para mirar en tu interior y evaluar si has causado daño a los demás. Cambiar esa conducta y no volver a cometer los mismos errores evitará que te sigas sintiendo mal contigo mismo.

3. Pregúntate: ¿qué es lo que estoy evadiendo en el presente por culpa del pasado?

4. Cuando logres no necesitar aprobación, desaparecerá la culpa que puedes sentir por el comportamiento que no tiene la aprobación de los demás.

5. Explora tu sistema de valores, en qué crees y en qué no crees. La culpa viene primordialmente porque sientes que has transgredido alguno de tus valores morales. Una vez identifiques dónde están tus convicciones, toma decisiones donde le seas fiel a ellas. Mientras actúes en contra de lo que crees sufrirás mucho.

Si observas que el sentimiento de culpabilidad es desencadenado por valores morales de otra persona que no concuerdan con tus ideas, el sentimiento de culpa es improcedente. Es así el caso de una joven que se sentía bien pecadora si no usaba siempre faldas hasta el tobillo porque eso era lo que creía su madre, mientras que ella, un ministro de música preciosa, no estaba convencida de tal "inmoralidad". La joven terminó yéndose de la casa y su madre la sigue haciendo sentir culpable de su decisión cuando en realidad ha sido un mecanismo de rescate para el mantenimiento de su salud mental.

Siendo hijos de Dios es absurdo cargar con culpas, puesto a que en Él, somos justificados por gracia. Cuando vivimos con culpabilidad, estamos bajando literalmente a Jesús de la cruz. Lo que alcanzo, no lo alcanzo por lo que he hecho, ni por quien soy, sino porque su gracia, revelada en el Calvario, está sobre mí.

Ejercicio:

Si has identificado que este es un problema principal para ti, escribe un diario. En ese diario apunta todas las ocasiones en que te sientes culpable. Anota cuidadosamente por qué, cuándo y con quién te sientes culpable. Al hacer este ejercicio seguramente encontrarás algún patrón y te arrojará luz de qué específicamente es lo que debes trabajar en cuanto a la culpabilidad.

> **Siendo hijos de Dios es absurdo cargar con culpas, puesto a que en Él, somos justificados por gracia.**

Desarrolla un compromiso contigo mismo de no culpabilidad, describiendo las acciones que tomarás para no sentir más culpas.

Mi compromiso es:

_____

_____

_____

_____

_____

_____

DÍA 13

Transformar la frustración y la tristeza en esperanza

Aunque la higuera no florezca, ni en las vides haya frutos.
Aunque falte el producto del olivo, y los labrados no den
mantenimiento. Y las ovejas sean quitadas de la majada,
y no haya vacas en los corrales; Con todo yo me
gozaré en Dios, en el Dios de mi Salvación. Jehová
el Señor es mi fortaleza, Él hace mis pies como
de ciervas, y en mis alturas me hace andar.
—HABACUC 3:17-19

"Resurge, alienta, grita, combate... resplandece".
—POEMA "EN LA BRECHA", JOSÉ DE DIEGO[1]

Transformar la frustración y la tristeza en esperanza

A veces creemos que fracasar es pensar que nos ha ido mal, pero en realidad fracasar es no tener fe. Esto es así porque la falta de fe es sinónimo de no actuar. Cuando crees accionas, caminas, te levantas, te mueves... la fe es la victoria. Si yo tengo fe he vencido, independientemente de las circunstancias. Los hechos podrán decir que no triunfé, pero cuando sé que he tenido fe y que se ha cumplido la voluntad de Dios, yo he tenido un gran triunfo. La victoria es haber sido probado en fe porque la fe ha vencido al mundo.

Nuestra idea de fracaso y nuestros sentimientos de tristeza suelen estar relacionados a la idea de que nos falta algo. Cuando comprendemos que lo tenemos TODO al creer y hacemos un recuento de todas las bendiciones que tenemos hoy como resultado de un acto de fe de ayer, no nos veremos como derrotados, sino como victoriosos. El pueblo hebreo cuando salió de la esclavitud, se llevó lo que era valioso para ellos, todo lo que les recordaba su triunfo y su identidad en Dios como pueblo. Lo demás... quedó atrás.

El fracaso es un sentimiento negativo, como negativo que es, hay que evitarlo a toda costa, pero tal vez te has preguntado, ¿cómo evito el experimentar ese sentimiento?, renovando tus pensamientos. ¿Cuándo?, todos los días. Cada día al levantarte recuérdale a tu alma que tú eres un triunfador; que Dios comenzó tu historia por el final y ese final dice "VICTORIA".

Todos los días ora diciéndole al Padre lo siguiente:

1. Te alabo Dios
2. Gracias Dios
3. Te pido que viva hoy como triunfador, como ganador, como vencedor, como una nueva criatura.

> **Cada día al levantarte recuérdale a tu alma que tú eres un triunfador.**

Así como ya has aprendido que para manejar los sentimientos de fracaso el antídoto es la fe, para manejar la tristeza vas a aplicar la misma inyección. Evalúa dentro de la tristeza, ¿qué es lo que NO estás creyendo que Dios puede hacer? Recuerda que nada es difícil para Dios y que Él mueve las montañas con tu fe.

No te quedes en la cueva, no te quedes encerrado, no te quedes alimentando los pensamientos de fracaso y de tristeza. Busca el mejor traje, ponte lo más lindo que puedas, aunque no tengas ganas...y camina sabiendo que todo lo que pisas ha sido puesto ahí, debajo de ti para que lo poseas y lo señorees. Conoce que este día es tuyo, el día de la transformación. No pierdas de perspectiva que el día de hoy no va a volver a repetirse jamás, es único. Si lo pierdes sufriendo, lo perdiste...se va y no vuelve.

Para evitar los sentimientos de frustración y de tristeza:

1. Siempre cree en ti mismo. Dios te ve como una persona fuerte y valiente, no le lleves la contraria. Es normal que hayan unos días en que nos dan deseos de abandonarlo todo. Pero, indiscutiblemente, hay que aprender a superar los obstáculos sin perder de perspectiva quiénes somos y el poder que el Señor nos ha dado sobre las dificultades. No te canses de creer en ti. El trigésimo presidente de EE. UU., Calvin Coolidge dijo: "Nada puede reemplazar a la constancia. No la reemplaza el talento: nada más frecuente que hombres talentosos pero fracasados. No la reemplaza la educación, el mundo está lleno de vagabundos educados. Sólo la persistencia y la determinación lo pueden todo". No te rindas y sé valiente.

2. Aprende que tú puedes cometer errores. Los errores, no son errores, son lecciones dentro de la escuela

de la vida. La vida es un constante fluir y los errores son parte de la experiencia cotidiana. Esto es algo que debes saber y aceptar: ¡no eres perfecto! Todos estamos en ese proceso de alcanzar la estatura de Cristo. El mismo apóstol Pablo decía que no pretendía haberlo alcanzado, pero que una cosa hacía, se extendía al blanco y todos sus errores los estimaba como basura.

> **Los errores, no son errores, son lecciones dentro de la escuela de la vida.**

En las escrituras originales de la Biblia no se usa la palabra "basura", sino "estiércol" que quiere decir fertilizante. Si algún uso le damos es porque hemos aprendido que de los errores hemos sacado mucho más provecho que de los aciertos.

3. Mírate como un ser humano, no como una máquina. ¡Cuánta gente se siente fracasada y triste por la sobrecarga! Penosamente, son cargas que nadie les exige, sino que son auto-impuestas. Trátate con amor y con mano suave.

4. Deja de rescatar a todos, todo el tiempo. No es justo tomarle prestado los problemas a los demás. No, no es justo, no es justo para ti. La gente necesita aprender a manejar sus propias situaciones y mientras tú estés rescatándolos no van a aprender a hacer nada.

5. Cierra las gavetas abiertas. No revivas el ayer a menos que sea para derivar un fruto de armonía y gozo. De otra forma, trabaja el ayer como algo que

se ha ido para siempre. Concéntrate en las cosas buenas que están pasando AHORA en tu vida.

6. Puede ser que alguien te haya hecho sufrir mucho, pero no tienes por qué seguir perpetuándolo en tu mente.

7. Comprende que el desierto es un lugar de transformación. Solemos asociar el desierto con crisis. En el dialecto chino mandarín la palabra "crisis" es sinónimo de oportunidad. El desierto es el lugar donde nos dan forma, no sólo para el cielo, sino para nuestra travesía aquí en la Tierra. En mi experiencia, Dios no ha desperdiciado ni un día que yo haya estado en Horeb para hacerme crecer.

8. No esperes mucho de la gente. La autora Hielen Caddy escribió: "Explora todas las posibilidades, no te amedrentes ante ningún reto, dale la cara, ponte a la altura de la situación. Así, la vida será como el fuego o como la primavera. Considera las dificultades como un desafío y no te dejes vencer por nada, ni por nadie". Cuando esperamos mucho de la gente podemos recibir desilusiones. A muchas personas en la oficina le he tenido que decir: "No puedes esperar que el árbol de limones te dé naranjas". Ante el árbol de limones tenemos dos alternativas, o lo cortamos de raíz porque lo que necesito son naranjas, o decido que me encanta la limonada.

9. Cree que el tiempo de Dios, siempre es mejor. Cuando somos desesperados y no vemos resultados en el momento en que los queremos, invitamos a la frustración y a la tristeza a que se sienten con

nosotros en la sala de la casa a tomarse un chocolate caliente. Sin embargo, Dios tiene un tiempo perfecto para ti para la contestación de tu oración y para el cumplimiento de tus sueños. En Habacuc 2:3 dice: "Aunque la visión tardará aún por un tiempo, mas se apresura hacia el fin, y no mentirá; aunque tardare, espéralo, porque sin duda vendrá, no tardará". ¿Puedes escuchar lo que Dios te dice hoy? "Reposa y observa lo que estoy haciendo, vigilante, sin ansiedad, te quiero así, mirando y caminando en paz".

10. Concéntrate en las soluciones. Preocuparte no hace que las situaciones que te entristecen o te frustran cambien. No te dejes arrastrar por el dolor. Actúa aunque tengas miedo, así como lo hizo Moisés frente al mar Rojo para cruzar al otro lado. Aunque te dé miedo, la única manera de encontrar una solución es darle la cara al problema.

11. Trata de vivir con entusiasmo. Para lograr esto es importante que no borres de tu mente la palabra: *meta*. Hay algo importante que vas a alcanzar aunque en estos momentos te encuentres en el proceso de ir hacia esa meta. Piensa que donde estás y lo que te está ocurriendo es parte del camino.

Un personaje bíblico que sintió profunda tristeza y una gran frustración fue Jacob. Se había quedado sin nada, ni siquiera tenía donde recostarse. Utilizó la piedra del camino para detenerse y descansar. Allí, durmiendo sobre la piedra tuvo un sueño donde veía una escalera que conectaba la tierra con el cielo. En esa escalera había ángeles que subían y bajaban. Me preguntaba ¿por qué los ángeles están subiendo y bajando? Luego entendí que los ángeles subían y bajaban la escalera porque estaban trabajando a favor de Jacob. Dentro de la tristeza y la frustración, aun cuando ya hayamos caído en el suelo rendidos, podemos tener la seguridad de que Dios está trabajando en eso que en el ambiente natural no podemos percibir. Más allá, podemos escuchar la voz de Dios como la escuchó Jacob diciéndole al final de la escalera que ni una sola palabra de la que Él le había prometido se quedaría sin cumplirse.

Jeremías es otro personaje bíblico que se enfrentó a la tristeza y a la frustración. Él fue hasta la presencia de Dios y le dijo cómo se sentía sobre el pueblo que le había puesto a su cargo y la respuesta de Dios fue: "Métete conmigo y te mostraré cosas grandes y ocultas que tú no conoces". O sea, el antídoto para la tristeza y la frustración es entrar en la presencia de Dios, porque allí y solo allí podrás ver la verdad de las cosas y recibirás consolación. En la presencia de Dios está la llenura y es donde se rocía su unción y su amor. Nada más confortante que sentir el amor de Dios. Cuando sentimos su amor sabemos que todo está en control y en las manos del que me ama y su unción me da la autoridad sobre todas las circunstancias.

En Isaías 60:1-2 dice: "Levántate, resplandece; porque ha venido tu luz, y la gloria de Jehová ha nacido sobre ti. Porque he aquí que tinieblas cubrirán la tierra, y oscuridad las naciones; más sobre ti amanecerá Jehová, y sobre ti será vista su gloria". Aunque te haya visitado la tristeza y el desánimo, escucha lo que Dios te está diciendo hoy: "¡Levántate!". Todos verán que en ti pasó algo, todos verán que sobre ti está la gloria de Él.

> **Aunque te haya visitado la tristeza y el desánimo, escucha lo que Dios te está diciendo hoy: "¡Levántate!".**

Ejercicio:

Haz una introspección y contesta las siguientes preguntas:

1. ¿Cómo has manejado la tristeza a lo largo de tu vida?

_____

_____

_____

_____

2. ¿Cómo te propones manejar la tristeza de ahora en adelante?

_____

_____

_____

_____

_____

3. ¿Cómo has manejado la frustración a lo largo de tu vida?

_____

_____

_____

_____

_____

4. ¿Cómo determinas manejar la frustración de ahora en adelante?

_____

_____

_____

_____

_____

_____

_____

DÍA 14

No tenerle miedo a la soledad

Ciertamente Jehová te consolará,
consolará tus soledades y cambiará tu desierto
en paraíso, y tu soledad en huerto de Dios;
se hallará alegría y gozo,
alabanza y voces de canto.

—Isaías 51:3

"Nada turba mi ser pero estoy triste.
Algo lento de sombra me golpea aunque casi detrás de
esta agonía he tenido en mi mano las estrellas".

—Julia de Burgos, poeta

No tenerle miedo a la soledad

He estado interviniendo con un paciente que me trajo, como asignación a la terapia, un escrito donde narraba cómo se sentía luego de haber terminado una relación de noviazgo en la que ya tenían compromiso y hasta habían comprado una casa para casarse. Este hombre, anteriormente, había pasado por un proceso de divorcio bien doloroso, al punto de que se quedó con la custodia de sus tres hijos porque su exesposa los abandonó. Una de las partes de su escrito lee como sigue:

> *"El divorcio y las rupturas de relaciones traen comúnmente consigo dos invitados inesperados; la soledad y la depresión. Algunos ya hemos caminado alguna vez por un túnel oscuro donde la luz no se ve. Sin embargo, dice un refrán que 'no hay mal que dure 100 años, ni cuerpo que lo resista'. Yo amo mi soledad, la abrazo, la escucho y me deleito en ella. Pero también anhelo el matrimonio, la familia, el ministerio. Gracias Dios porque mi ministerio son mis hijos. Gracias Dios porque encuentro bendición en mi trabajo. Gracias Dios porque hay futuro, esperanza, horizonte. Gracias Dios porque tengo mucho para dar. Gracias porque en medio de las pruebas te adoro. Gracias Dios porque aunque yo desee estar con mi anterior pareja, soy un caballero y no entraré donde no soy bienvenido. 'Jehová cumplirá su propósito en mí' (Salmo 138:8)".*

No me quedó otra que felicitarlo porque a pesar de haber pasado por unas experiencias de dolor ha podido darle un sentido positivo a la soledad. Antes, era como "un túnel oscuro", ahora la abraza y la disfruta. Frente a la soledad siempre se han dado posiciones encontradas. Para algunos la soledad es desolación, incertidumbre, agonía, miedo, sentimientos de abandono, profunda tristeza, sentir que no hay nadie a quien amar, no sentirse amado, entre otras... mientras que para otros la soledad puede ser un espacio, una oportunidad para desarrollar proyectos, un momento especial con uno mismo, una oportunidad para conocerse mejor, para mimarse y un momento para entrar en intimidad con Dios (sentir su abrazo y las manifestaciones de su presencia). El filósofo Cicerón decía: "Nunca he estado menos solo que cuando estoy solo". Así que la soledad es interpretativa. Yo la puedo ver mala o buena. Para verla como buena habría que batallar con toda la construcción social negativa que nos han hecho sobre la soledad.

Muchas veces hemos escuchado que si no estamos con una persona físicamente a nuestro lado, estamos incompletos. Que si no tenemos pareja es porque algo malo tenemos para no poder retener a alguien. Estos son mitos con carga emocional destructiva. Hay mucha gente que no tiene pareja porque ha optado por la soltería, o porque se están dando un espacio o sencillamente porque el estar soltero no es algo que esté en el total control de la persona. Claro está, que si se está solo porque se está siendo cuidadoso en la selección de una pareja, esto es maravilloso porque aquí aplicamos que "es mejor estar solo que mal acompañado".

Por otro lado, las personas que tienen pareja, necesitan espacios de soledad. Ya lo dijo el escritor Kahlil Gibran: "La pareja ideal es aquella que crece como dos árboles juntos, uno al lado del otro, pero ninguno a la sombra del otro". Las soledades de cada uno le darán un respiro a la relación. La soledad no es un estado, sino un sentimiento. O sea, no se trata de estar solo, sino de sentirse solo. Hay gente que está sola físicamente, pero no tienen el sentimiento de la soledad, mientras que hay otra gente

> **La soledad no es un estado, sino un sentimiento.**

que pueden estar acompañadas por otras personas y tienen un profundo sentimiento de soledad.

Hay una gran diferencia entre lograr disfrutar de la soledad a lo que es aislamiento. El aislamiento no es saludable, se considera una patología puesto que somos seres gregarios por naturaleza. Usualmente, el aislamiento ocurre como un mecanismo de autoprotección, en el sentido de que cuando se ha sido lastimado y esas heridas no están resueltas, mejor nos metemos dentro de una cueva para evitar ser lastimado nuevamente. En la forma no de aislamiento, sino de espacio, la soledad tiene varias ventajas.

1. Favorece la autoobservación y el conocimiento de sí mismo. El conocerse a sí mismo es fundamental para lograr el amor propio, porque es imposible que tú puedas amar a alguien a quien no conoces. A veces nos hacemos expertos en conocer a otras personas, sabemos como piensan, como reaccionan, inclusive hasta lo que van a decir en determinado momento, pero ¿te conoces a ti mismo? Es importante descubrir que nos gusta y qué no nos gusta, lo que deseamos y esperamos de nosotros mismos y de la vida. Si alguien te pregunta, "¿quién tú eres?", ¿podrías contestar esa pregunta?

2. Posibilita que los métodos de relajación y la oración aumenten en eficacia. Cuando entramos en esa cabina espiritual podemos estar horas y horas, absortos disfrutando de toda esa energía divina.

3. Muy pocas veces nos percatamos de que la soledad nos brinda la bella posibilidad de LIBERTAD (esta es una palabra que me gusta escribirla siempre con

todas sus letras en mayúscula). Cuando estamos solos podemos escoger, escoger y escoger lo que queremos hacer.

4. Usa la soledad para convertirte en una persona más espiritual, culta e interesante.

5. Dedícate a desarrollar metas y transformar tus sueños en objetivos operacionales. Construye una lista de cosas posibles y realistas que quieres lograr y luego divídela en objetivos a corto y a largo plazo, con fechas estimadas de cumplimiento. Luego, haz una segunda lista de todas las cosas fantasiosas que quisieras lograr, como por ejemplo, escalar una montaña, explorar una cueva, desayunar en la Torre Eiffel, etc. Es posible que te des cuenta que tus fantasías no son tan difíciles de alcanzar, ya lo dijo Walt Disney: "Si puedes soñarlo, puedes hacerlo". Poner por escrito las metas y los sueños sirve para darle dirección a la vida y un sentido más claro.

6. La soledad es un tiempo ideal para organizarse. Las agendas suelen ser bien efectivas para este fin. Puedes utilizar lápices de colores sobre tareas realizadas y tareas pendientes. En la agenda deben estar incluidas actividades recreativas, actividades físicas, educativas y de crecimiento espiritual. En la organización está incluido, por supuesto, la estructura de tu ambiente. Tanto tu casa como tu área de trabajo, deben estar recogidas, limpias y olorosas. Puedes hacer una modificación en la decoración, con los mismos muebles y accesorios que tienes ahora, con sólo cambiarlos de lugar. Reconsidera si los colores que tienes en las paredes te ayudan a

estar contento y relajado, si no es así, utiliza la soledad para ¡cambiarlos!

7. Construye una lista de lugares que puedas visitar solo. Cuando voy a algún museo prefiero hacerlo sola, para tardarme cuánto tiempo yo desee contemplando una pintura. El cine es otro lugar al que se puede ir solo, ya que no es una actividad de interacción social. Hay unas películas que solo tú quieres ver. Yo tengo el caso de que a mi esposo y a mis mejores amigos no les gustan las películas de drama profundo, ellos prefieren las de terror y acción, así que cuando sale una película de análisis, que seguro me hará reír y llorar, esa la voy a ver sola y las otras las veo con ellos.

8. Establece prioridades. Aunque tu personalidad sea una que tienda al desorden, utiliza la soledad para domarte y organizarte. He comprendido, con amargura, cuánto uno se atrasa por no estar organizado. Saca un tiempo para organizar las papelerías sueltas y construye distintos paquetes: los de la basura a la basura, los de la universidad, el trabajo, la iglesia y desarrollo personal, cada uno en distintos cartapacios. Divide las tareas entre: "pronto", "no tan pronto" y "urgente". Organizarte es también recoger el guardarropas. ¿Hay ropa que hace más de un año no te pones?, Dónalas a alguna institución benéfica como los albergues para indigentes, mujeres maltratadas, personas de escasos recursos, etc. Bendice a otros con esa ropa. Se dice que según está tu clóset, así está tu cabeza, así que corre a organizarlo en tus momentos de soledad.

9. No te quedes en la cama, ni mirando para el techo, ni horas frente al televisor. Si tienes unas metas, haz todos los días un poquito para alcanzarlas. Busca información en la internet, en la biblioteca, en las librerías donde también hacen un fabuloso café o chocolate caliente. ¡Sal a caminar!, si te quedas quieto, ¡te enfermas! Puedes también matricularte en algún curso que te ayude a convertir tus sueños en realidad. Puedes tomar clases de canto, de danza, de oratoria, de locución, de buceo…todo lo que te ayude a crecer y a ser una mejor persona estará bien. No dejes de estar activo, verás como al cabo de un año, te contemplarás y te darás cuenta que no eres el mismo.

10. Dar un paseo por algún lugar lindo te ayudará mucho. Despreocúpate de que la gente te esté mirando y que estén pensando "pobrecito, está solo". La soledad es una elección, no una maldición. Contempla los elementos de la naturaleza, ¿desde cuándo no te quedas mirando el cielo?, estudia sus colores. Cuando pases por las hojas, ¡tócalas!, siente su textura, huele las flores, respira hondo. Practica el caminar descalzo por encima de la grama mojada. Si estás caminando por la orilla de la playa ¡juega con las olas!

11. Puedes utilizar la soledad para cuidar tu cuerpo. Es vital que le des importancia a su mantenimiento saludable. El cuerpo es el templo del Espíritu Santo, así que te servirá mejor y por más años si lo atiendes como una parte integral de tu ser. Aplícate una

mascarilla (algunas puedes encontrarlas a un costo módico). Date automasaje con cremas con fragancias de lavanda o cítricas, preferiblemente. Puedes darte un baño de burbujas, donde enciendas unas velas y pongas de fondo una música que te guste mucho. Practica algún ejercicio. Ya se sabe que el mejor ejercicio es caminar. Lo que necesitas es realizar algunos ejercicios de estiramiento y luego caminar por lo menos 30 minutos. Las personas que caminan diariamente, padecen menos depresión, ya que el caminar hace que los niveles de serotonina, la sustancia química que tiene que ver con nuestro estado de ánimo, esté a un buen nivel. El caminar hace también que se liberen endorfinas, la sustancia química que está asociada con la felicidad...así que ¡cómprate los tenis y póntelos ya!

12. Disfrutar del silencio es otra alternativa para el manejo de la soledad. Utiliza el silencio para relajarte, para escuchar esa preciosa voz interna y discernir lo que proviene del Espíritu. En una ocasión en que el pueblo de Israel estaba pasando por una crisis, Dios los exhortó a que se quedaran quietos.

13. A través de las terapias clínicas me he percatado que la gente que tiene mayor dificultad con la soledad es porque tienen áreas sin reconciliar con ellos mismos. Lo que ocurre es que cuando nos quedamos solos, con quien nos quedamos es con nosotros. A veces es terrible quedarse con esa voz propia de autorechazo y castigo. Mientras mejor sea la relación que tienes contigo mismo, mejor será tu manejo de la soledad.

Ejercicio:

Construye una lista de actividades que harás de hoy en adelante en compañía de ti mismo en esos momentos en que te sientas solo. Como por ejemplo, darte un baño de burbujas con música de relajación de fondo.

1.	6.
2.	7.
3.	8.
4.	9.
5.	10.

DÍA 15

Renunciar a la ansiedad

Por nada estén afanados, sino sean conocidas
sus peticiones delante de Dios en toda oración
y ruegos, con acción de gracias.

—FILIPENSES 4:6

"Yo no sé como Dios lo hace,
pero yo sé que Él lo hace".

—IVÁN CLEMENTE, EVANGELISTA

Renunciar a la ansiedad

Con sólo definir lo que la ansiedad es, los niveles de ansiedad disminuyen. Pues la ansiedad es un estado de nerviosismo, intranquilidad y angustia, por un evento que no ha ocurrido todavía. Es precisamente por lo que te has puesto a pensar que puede ocurrir lo que provoca que te pongas ansioso. La ansiedad no inducirá cambios en las situaciones que causan presión. La Biblia dice que el estar ansioso "no añade a nuestra estatura un codo" (ver Mateo 6:27). Puedes pasar el resto de tus días preocupándote por el futuro, pero por mucho que te preocupes no cambiarás nada. Lo único que hará es estancarte y anular tu eficacia para resolver el problema. Otra manera de definir ansiedad es: la emoción que te inmoviliza en el presente por cosas que tal vez no ocurran en el futuro.

Sustituye tus pensamientos de ansiedad por pensamientos de paz. La Palabra de Dios dice: "Tú guardarás en completa paz a aquel, en cuyo pensamiento en ti persevera, porque en ti ha confiado" (Isaías 23:6). Esto es así porque estar ansioso es no confiar en la providencia divina. Si nos ponemos a pensar en cuánto el Señor nos ama y su plan de protección con nosotros, los pensamientos negativos que producen ansiedad se derriban. Si estuviéramos en constante conciencia de que Dios nunca llega tarde y que siempre llega a tiempo, ¿qué ansiedad podría estorbarnos?

> **Sustituye tus pensamientos de ansiedad por pensamientos de paz.**

Dutch Sheets, en su libro *Dígale a su corazón que palpite de nuevo*, narra que en 1965, durante un encuentro familiar, una abuela despertó a todos a las 2:00 de la mañana dando órdenes a su familia de conseguir botellas de Coca-Cola, corchos y papelitos. La abuela les dijo: "Recibí un mensaje de Dios, las personas deben escuchar su Palabra".

Ella comenzó a escribir textos bíblicos en los papelitos mientras sus nietos los colocaban en las botellas y las cerraban con corchos. Después todos depositaron más de 200 botellas en el oleaje de la playa de Cocoa Beach. Con el paso de los años, hubo personas que la contactaron y le agradecieron por los versículos bíblicos que habían encontrado en las botellas de Coca-Cola. La viejita murió en noviembre de 1974, al mes siguiente llegó la última carta:

Querida Sra. Gause:

Le escribo esta carta a la luz de las velas, pues ya no tenemos electricidad en la granja. Mi esposo murió en el otoño cuando el tractor se volcó y nos dejó a once niños pequeños y a mí. El banco está a punto de quitarnos la casa, sólo nos queda una hogaza de pan, hay nieve en el suelo y faltan dos semanas para la Navidad. Oré pidiendo perdón antes de irme al río con la intención de quitarme la vida ahogándome. El río ha estado congelado desde hace dos semanas, así es que pensé que no me tomaría mucho tiempo. Cuando rompí el hielo, una botella de Coca-Cola salió flotando. La abrí y con lágrimas y manos temblorosas leí el papelito que estaba dentro de la botella. El texto bíblico que estaba escrito era Eclesiastés 9:4: "Aún hay esperanza para todo aquel que está entre los vivos". Llegué a casa, leí mi Biblia y le di gracias a Dios. Por favor, ore por nosotros, porque ahora sé que lo lograremos.

Que Dios la bendiga a usted y a los suyos,

—Una granjera en Ohio[1]

Si tú conoces y sabes que Dios siempre llega a tiempo, nunca, nunca, nunca te arropará la ansiedad. Tendrás la seguridad de que en medio de la tormenta puedes sentir calma. Él siempre atenderá tus necesidades en forma individualizada.

Sabemos que a veces no somos nosotros los promotores principales de los pensamientos y actitudes de ansiedad, sino que son algunas personas que nos rodean los que nos contaminan. Te recuerdo que si este tipo de cosas te sucede es porque tú lo estás permitiendo. Hay que aprender a hacer oídos sordos a estas voces negativas. No puedes dar acceso a que las ideas pesimistas de los demás te contaminen. No se trata de descartar los buenos consejos, pero si recibes un comentario que te causa ansiedad lo que hará es limitarte y robarte la energía. Así que, aunque hieras a algunos, dile

Aprender a hacer oídos sordos a estas voces negativas.

a estas personas negativas: "Estoy tratando de vivir en paz conmigo mismo y con mi ambiente, por eso necesito gente solidaria y positiva a mi alrededor". No permitas que nadie venga a quitarte la paz. En la vida nos encontramos con factores amenazantes a nuestra paz. Queda de nosotros permitir que tengan efecto.

He conocido mucha gente que está ansiosa porque sienten una profunda insatisfacción por el trabajo que desempeñan. Es importante tratar de sentirse satisfecho y tranquilo con lo que uno hace.

Hay que trabajar con la mente todas las mañanas y hacer declaraciones de lo maravilloso que será ese día y que no se va a permitir que nada, ni nadie me ponga ansioso. La pasión por el trabajo, usualmente no llega en un "paquetito" sino que hay que buscarla. Debes mantener un equilibrio sano y no permitir que un trabajo insatisfactorio vuelva tu vida desgraciada. Si identificas que ya has trabajado con esto y no has logrado un cambio en tu actitud hacia el trabajo entonces investiga las posibilidades reales que tienes de moverte del lugar donde estás. No vale la pena vivir en ansiedad.

Te invito a que explores si en estos momentos estás padeciendo ansiedad. Haz una marca (*) en las categorías con que te sientas identificado. Evalúa los siguientes sentimientos, pensamientos y síntomas durante los últimos 14 días.

1. ( ) Miedo a sufrir una crisis
2. ( ) Nerviosismo
3. ( ) Preocupación
4. ( ) Tensión muscular
5. ( ) Inquietud
6. ( ) Pobre concentración
7. ( ) Pensamientos acelerados
8. ( ) Sensación de estar a punto de perder el control
9. ( ) Pensamientos de enfermedades físicas
10. ( ) Pérdida del apetito o atracones de comida
11. ( ) Dificultad para dormir
12. ( ) Miedo a ser abandonado o a estar solo
13. ( ) Sacudidas en el corazón o aumento de palpitaciones
14. ( ) Dolor de pecho
15. ( ) Náuseas o molestias abdominales
16. ( ) Estreñimiento o diarrea
17. ( ) Sensación de ahogo o de asfixia
18. ( ) Sudoración no debida al calor
19. ( ) Dificultad para levantarte por la mañana
20. ( ) Temblores o sacudidas
21. ( ) Irritabilidad
22. ( ) Pobre tolerancia a las frustraciones
23. ( ) Dolores de cabeza, de nuca o de espalda
24. ( ) Escalofríos o sofocaciones
25. ( ) Sensación de debilidad o agotamiento
26. ( ) Pérdida del interés sexual
27. ( ) Desinterés en el trabajo
28. ( ) Desinterés en las actividades sociales (cine, teatro, comer fuera)

ESCALA:

Si has marcado 10 reactivos o más puedes estar sufriendo de un nivel de ansiedad significativo. De ser así debes buscar ayuda profesional.

Ideas para manejar la ansiedad:

1. Divide tu tiempo adecuadamente, donde incluyas el tiempo de trabajo, iglesia, estudios, recreación, cuidado propio y descanso.
2. Duerme de 7-9 horas.
3. No procastines, o sea, no dejes para mañana lo que puedes hacer hoy. Pero no sacrifiques tu tiempo de ocio porque es necesario.
4. Practica algún ejercicio o deporte. Una caminata todos los días por 30 minutos te hará mucho bien.
5. No te pongas unas expectativas tan altas de ti, que te desequilibren.
6. No le des mucha importancia a lo que la gente piensa de ti.
7. Escucha música que te relaje.
8. Convéncete de que el mundo no se va a paralizar porque tú decidas quedarte descansando un día.
9. Organízate en tu casa y en el trabajo.
10. Establece un presupuesto económico mensual, así no te descuadrarás.
11. Come saludablemente.
12. No te tragues las cosas que no te gustan, comunícalas en forma asertiva.

13. Toma decisiones en las que te demuestres amor propio.
14. Suspende la idea de que tienes que ser perfecto.
15. Utiliza auto verbalizaciones positivas.
16. No procures controlar lo que los demás piensan, crean y digan.
17. Di que sí, sólo cuando puedas comprometerte.
18. Realiza actividades placenteras.
19. Obedece lo que la Palabra de Dios dice.
20. Entrégale tus cargas a Dios y no las pidas de vuelta.

Para transformar la ansiedad en paz hay varios puntos que NO DEBES perder de perspectiva:

1. Dios siempre te hará justicia.
2. Dios siempre llega a tiempo.
3. Dios te respalda.
4. Dios no te deja en vergüenza.
5. Dios se encarga de tus enemigos.
6. La luz vence la oscuridad.
7. Dios vela tus sueños, te cuida en las noches.
8. Su provisión es siempre abundante.
9. Los ángeles te visitan.
10. Las cadenas están rotas.
11. Tú eres libre.
12. Su promesa es verdad.

Ejercicio

Identifica diez cosas que harás de hoy en adelante para vivir con mayor equilibrio y paz mental:

1.

2.

3.

4.

5.

6.

7.

8.

9.

10.

DÍA 16

Transformar el coraje en sosiego

No te apresures en tu espíritu a enojarte, porque
el coraje se anida en el seno de los necios.

—ECLESIASTÉS 7:9

"Sólo existe una persona en este mundo que puede hacer
que tú sientas coraje, esa persona eres tú mismo".

—DAVID BURNS, SIQUIATRA

Transformar el coraje en sosiego

¿Has percibido que el pobre manejo del coraje ha sido un problema en tu vida?, ¿has notado como tu mal genio ha dificultado tus relaciones interpersonales?, ¿has visto las horas o hasta los días que has perdido sin ser feliz a causa del coraje?, ¿te has dado cuenta que la ira es una pérdida de tiempo y que le hace daño a tu cuerpo físico? Físicamente puede producir hipertensión, úlceras, problemas cardiovasculares, alteración en los patrones de sueño, alteración en los patrones alimentarios, cansancio y dolores musculares, entre otros síntomas. La primera causa de muerte en muchos países es ataques al corazón, sino nos diera tanto coraje, viviríamos más años.

El coraje, en la mayoría de los casos no tiene un funda-
mento real de ser, o no se llega a ningún lado por sentirlo.
No obstante, hay un coraje que es positivo, es el coraje que te
impulsa a hacer cosas que
necesitas hacer; es el coraje que te obliga a tomar
decisiones que hace tiem-
po tienes atrasadas. Pero
cuando el coraje es dañi-
no, más bien te estanca y
lamentablemente éste es
el que se presenta en la
mayoría de los casos.

**Hay un coraje que es
positivo, es el coraje que
te impulsa a hacer cosas
que necesitas hacer pero
cuando el coraje es dañino,
más bien te estanca.**

Usualmente, el coraje ocurre cuando algo no nos sale como
lo esperábamos, por el deseo de que la gente o ciertas circunstancias sean diferentes a lo que son. El coraje o la ira, no se
trata sólo de irritabilidad, es un sentimiento que te inmoviliza
y que te hace perder el control.

El coraje no tiene compensaciones, sino más bien nos debi-
lita, sobretodo en el área espiritual porque estamos sabotean-
do el principio bíblico de estar en paz con todos los hombres y
mujeres, y en ese grupo también está el que estés en paz contigo mismo.

Psicológicamente el coraje:

- deteriora y hasta destruye las relaciones afectivas
- interfiere con la comunicación saludable y de
  respeto
- conduce a sentimientos de culpa
- genera depresiones
- provoca trastornos de ansiedad

Sin embargo, es oportuno clarificar que es más saludable expresar el coraje que dejarlo reprimido. El problema de tragarse lo que a uno le molesta es que esa presión continúa acumulándose hasta que llega el momento en que estalla. La clave es asumir la postura más sana y es, velar por no padecer corajes que no llevan a ninguna parte. Si tenemos esto claro no tendremos el dilema sobre lo que es mejor, si guardar el coraje o ventilarlo, porque sobre lo que estaremos enfocados es a no darle importancia a cosas que verdaderamente no tienen tanta trascendencia. Recuerda que a ti te afecta lo que tú permites que te afecte.

Eres tú quien decide lo que te molesta o en qué forma utilizarás el coraje, porque a veces hay motivaciones psicológicas para valerse de él, como:

1. Desplazar la responsabilidad de tus actos sobre otras personas.
2. Utilizar el coraje para manipular a los que te tienen miedo porque los consideras inferiores a ti física o emocionalmente.
3. El coraje puede darte poder, atraes la atención de los demás y puedes sentirte importante (esto es como resultado de carencias psicológicas que debes estar teniendo en tu interior).
4. Puedes conseguir lo que quieres, porque los demás tratarán de complacerte, antes de ver tu *show*.
5. Si le tienes miedo a los compromisos puedes utilizar el coraje para no comprometerte. "Primero me molesto y esto me protege de tirarme la soga al cuello", es un razonamiento común dentro de la mente inconsciente de aquellos que le tienen temor a los

pactos emocionales porque en el pasado, dentro de una relación afectiva, las cosas no le salieron como esperaban.

6. Puedes manipular a los demás por medio de hacerlos sentir culpables. Cuando te da coraje puedes provocar que los que son vulnerables emocionalmente se pregunten: ¿qué yo hice para que se molestara tanto?, y el que esas personas se sientan culpables, hace que tu ansia de poder aumente.

7. Cuando te sientes amenazado porque alguien está siendo más hábil que tú en una conversación podrías estar utilizando el coraje para bloquear la comunicación.

El coraje, como la mayoría de nuestras conductas, es aprendido de una figura significativa en nuestro desarrollo. La persona que modelamos suele ser a la que vimos con mayor poder. Pero así como toda conducta es aprendida, si esa conducta me hace sufrir a mí y a las personas que yo amo, entonces puedo trabajar para modificarla.

Manejas *inefectivamente* (mal) el coraje cuando manifiestas conductas como las siguientes:

- Niegas tus verdaderos sentimientos
- Haces gestos de desaprobación en forma hiriente
- Arremetes contra la otra persona atacándola, sin permitirle que se exprese
- No escuchas
- Discutes en forma defensiva e insistes en que la otra persona no tiene la razón
- No respetas la dignidad del otro

- Dices "malas palabras"
- Gritas
- Te pones en la posición de víctima
- Crees que la visión que tienes de la situación es la correcta y no das espacio para analizarlo
- Dices que hay ruptura en la relación cada vez que te molestas, sin medir las consecuencias de lo que estás hablando
- Te sientes que estás en una competencia

Manejas *efectivamente* (bien) el coraje cuando manifiestas conductas como las siguientes:

- Hablas lo que te molesta. El que reprime sus angustias y sus necesidades, llega el momento, en que estalla.
- Das espacios. Cuando otra persona tiene coraje, lo más asertivo es darle su espacio y atender "el asunto" más tarde, cuando la tensión haya bajado.
- Te das espacio. Cuando seas tú quien siente coraje di: "Necesito tiempo para organizar mis pensamientos", en lugar de tratar de resolver el conflicto aquí y ahora. Es un error involucrarse en conversaciones que no te hacen llegar a ninguna parte.
- Antes de tomar alguna acción puedes hacerte preguntas como estas:
- "¿Qué es lo que verdaderamente me molesta de esta situación?, ¿Qué quiero lograr?, ¿Cuán responsable soy de esta situación?, ¿Qué cosas necesito de la otra persona?, ¿Qué cosas quiero hacer y qué cosas no quiero hacer?

- Funciona bajo el código del YO, "yo pienso", "yo siento", "yo creo", "yo he interpretado"; en lugar de utilizar el TÚ. Hay que evitar el hacer juicios y poner en práctica tácticas bajas de culpar a otros, amenazar, interrogar, ordenar y condenar. No hagas ni digas cosas de las que después puedas arrepentirte.

- No esperes que otras personas adivinen tus necesidades con la pretensión absurda de que "se supone que lo sepas", para evitar esto habla claro y no esperes a que aun los que más te aman y los que mejor te conocen lean tu mente.

- Trata de no entrar en el debate de quién tiene la razón.

Usualmente las batallas de poder, hacen que las dos personas pierdan la guerra.

- Una de las maravillas más grandes de Dios es que nos ha creado diferentes. Evitas muchos corajes cuando comprendes que los demás no son iguales a ti y respetas esas diferencias.

- No tienes el control de lo que los demás piensan y dicen, pero sí tienes el control de cómo tú reaccionas ante lo que los demás piensan y dicen.

- No pierdas tiempo tratando de convencer a otros de lo "correcto" de tu posición. Respeta la opinión de los demás. Hay gente que piensa que hay dos formas de ver las cosas "la incorrecta y la mía".

Hoy, haz esta oración

Señor, te entrego mis corajes. Reconozco que el coraje ha sido limitante en mi vida y que le he hecho daño a las personas que amo. Te pido que me sanes, que me perdones y me restaures. Me comprometo contigo a comenzar el proceso de cambiar mis actitudes y a no darle importancia a cosas que no la tienen. En el nombre de Jesús, amén.

DÍA 17

Restaurar la visión

No con ejército, ni con fuerza,
sino con mi espíritu.
—ZACARÍAS 4:6

"¿Cómo sería su día si creyera que Dios
desea que sus fronteras se extiendan en todo
momento y con toda persona?".
—BRUCE WILKINSON, AUTOR

Restaurar la visión

Para que nuestro territorio se expanda hay que dejar las cosas viejas. Debemos restaurar el interior y someternos a obediencia tomando decisiones contundentes para pasar a otros niveles.

Un personaje bíblico que ha dado mucho de qué hablar ha sido Jabes por la extensión de sus fronteras. Este hombre había sido marcado negativamente en su nacimiento por el nombre que le pusieron. Jabes quiere decir "concebido en dolor". Quien nos pone el nombre es importante porque tiene una carga profética. El nombre determina la atmósfera en la que naciste y tu futuro. Pero aunque se tenga nombre de maldición, aunque hayamos sido marcados con un pasado destructivo, Dios puede transformarlo TODO en bendición. Jabes decidió entregarle

> **Aunque hayamos sido marcados con un pasado destructivo, Dios puede transformarlo TODO en bendición.**

a Dios sus circunstancias para romper la atmósfera profética negativa.

María, la madre de Jesús, fue una mujer humilde y pobre. No pertenecía a una familia de renombre. Pero Dios desde el principio la había destinado para traer al mundo al Rey de reyes.

Josué es otro personaje bíblico que fue más allá de sus circunstancias. Era hijo de esclavos en un momento histórico donde la movilización social era muy difícil de gestarse. O sea, si eras hijo de esclavos, seguramente esclavo serías. Pero Dios trascendió a sus circunstancias y creyó en él, como cree en ti y le dijo "esfuérzate y sé valiente y yo voy a estar contigo" y fue el sucesor de Moisés. Lo que Moisés no pudo alcanzar, Josué sí lo alcanzó. Conquistó con poder la tierra prometida, aunque los que estaban a su alrededor lo veían como imposible. San Francisco de Asís dijo: "Empieza por hacer lo necesario, luego lo que es posible y de pronto te encontrarás haciendo lo imposible".

Había una vez un sabio que paseaba todas las mañanas por la misma playa. Era su momento para reflexionar sobre los problemas más profundos del universo. Un día, luego de una fuerte marejada, la playa amaneció con una gran cantidad de estrellas de mar regadas por la arena. La playa se encontraba igual de solitaria que siempre a esa hora de la mañana y el sabio no les dio mayor importancia a las moribundas estrellas de mar.

A lo lejos divisó una figura que corría de la arena al mar. Ya próximo, el sabio se percató de que un joven recogía una estrella y la lanzaba al mar. Con curiosidad, el sabio se detuvo a observar tan extraño comportamiento. El joven, sin percatarse de que lo observaban, corría de arriba abajo la extensión de la playa lanzando al mar una estrella tras otra.

Luego de observarlo por unos minutos, el sabio sintió gran molestia y frustración por el comportamiento del joven. "Joven, ¿Qué haces?", le preguntó el sabio. El joven interrumpió su faena, dirigió por primera vez su mirada hacia aquella persona que le observaba hacía ya varios minutos y le dijo calmadamente:

"Estoy lanzando estas estrellas de mar de vuelta".

"Sí, ya lo veo, pero la pregunta es: ¿por qué lo haces", inquirió el sabio.

El joven lo miró contrariado y le contestó: "Es que, si no lo hago, morirán dentro de poco". El sabio sintió que se le calentaban las mejillas. Sabía que no era por el sol, sino por la ingenuidad del joven. "Pero, ¿no te das cuenta que hay cientos de estrellas?, ¿qué ganas con ello? ", le preguntó enfadado el sabio.

El joven escuchó muy atentamente la pregunta, miró la estrella que tenía en la mano y la lanzó al mar. Luego, se volteó hacia el viejo: "Yo no ganaré nada, pero esta estrella sí". El joven corrió nuevamente hacia la orilla, agarró otra estrella, corrió hacia el mar y la lanzó. El sabio quedó paralizado con la respuesta del *joven. No sabía qué pensar y, confundido, continuó su caminata mañanera por la playa. Al regresar al otro día, todas las estrellas habían desaparecido de la orilla. Nunca supo si el joven había logrado su cometido o si la marea se las había llevado. Mientras caminaba, sentía que sus pies se undían más profundamente en la arena y que el sol brillaba con una intensidad molestosa. Algo andaba mal. Estaba seguro de que el joven había perturbado su existencia.*

De pronto, sintió algo duro en la arena y se dio cuenta que pisaba una estrella de mar. Dudó por un minuto, la agarró y sintió las cosquillas de cientos de diminutos tentáculos en las palmas de las manos. Se acercó a la orilla y la lanzó. La observó surcar el aire hasta que cayó al agua. Al emprender la caminata, se dio cuanta de que andaba con menos peso y más ligero. Por primera vez logró sentir la sal del aire en sus labios. Se sentía extrañamente vivo y por fin supo que era lo que tanto le perturbaba. Por años el sabio había pasado frente a miles de estrellas de mar que necesitaban su ayuda, pero nunca había hecho nada por ellas. Se había afanado tanto en meditar y reflexionar sobre el universo que no había hecho nada para mejorarlo.

"Hay dos tipos de personas en este mundo los que observan y los que actúan", se dijo mientras buscaba alguna otra estrella de mar enterrada en la arena.

—Anónimo

Es importante observar y permanecer en quietud, porque de esta forma divisamos las oportunidades. Sin embargo, quedarnos observando no es suficiente. Debemos trazarnos metas. Las metas son una herramienta fundamental para encontrar oportunidades y expresar nuestro potencial.

Hay dos tipos de personas en este mundo los que observan y los que actúan.

Ejercicio de metas

METAS A CORTO PLAZO (De este momento a un año)

1.
2.
3.
4.
5.

Fecha aproximada de cumplimiento

1.
2.
3.
4.
5.

Posibles obstáculos para alcanzarlas:

¿Cómo vas a superar los obstáculos?

METAS A LARGO PLAZO (De este momento a dos años):
1.
2.
3.
4.
5.

Posible fecha de cumplimiento:
1.
2.
3.
4.
5.

Posibles obstáculos para alcanzarlas

¿Cómo vas a superar los obstáculos?

¿Cómo te visualizas de aquí a 5 años?

¿Cómo te visualizas de aquí a 10 años?

Una receta para vencer...

1. Haz las cosas correctamente. Sabe lo que es correcto y lo que es incorrecto.

Reflexión:

2. Actúa lo mejor posible. No es suficiente nacer con la habilidad. Para tener éxito siempre, cada individuo debe esforzarse para actuar lo mejor que le sea posible.

Reflexión:

3. Trata a los demás como deseas ser tratado.

Reflexión:

4. Todo está basado en hacer cosas pequeñas correctamente. Si no prestas atención a las cosas pequeñas, toda la base se derrumbará.

Reflexión:

5. Cree en ti mismo. Para alcanzar las metas tienes que creer en ti.

Reflexión:

6. Interésate en las personas. El trabajo de equipo es la base del éxito. Las tres preguntas universales que una persona formula a su grupo, a su equipo de trabajo, a su familia, a sus amigos, a su pareja son: ¿Puedo confiar en ti?, ¿Te comprometes a lograr la excelencia?, ¿Te interesas en mí? Si no nos interesamos uno en el otro, perdemos oportunidad.

Reflexión:

7. Vence la adversidad. Los problemas siempre aparecerán, debes estar preparado para afrontarlos.

Reflexión:

8. No te acobardes. Cree que vas a triunfar

Reflexión:

Sobrepasar los obstáculos

Pero los que esperan a Jehová tendrán nuevas
fuerzas, levantarán alas como las águilas; correrán,
y no se cansarán; caminarán, y no se fatigarán.

—ISAÍAS 40:31

"Los grandes seres humanos hacen de sus
errores escalones hacia el éxito".

—FRANK CRANE,

MINISTRO ESTADOUNIDENSE

Sobrepasar los obstáculos

En cierta ocasión se encontraba un sabio Maestro sentado a la orilla de un río junto a sus discípulos. Uno de ellos le preguntó:

— Si me cayera al agua ¿me ahogaría?
— No, le respondió el Maestro. No es el caerte al agua lo que hace que te ahogues, sino el quedarte dentro.

Lo que dejamos de hacer es muchas veces más prejudicial que lo que hemos hecho antes y nos ha ocasionado malestar. Siempre se ha dicho que lo más grave no es caer sino, no levantarse. Las enfermedades se vencen con remedios oportunos. Vivimos mejor cuando se nos educa con realismo para aceptar los errores y sacar las valiosas lecciones de las crisis. No hay que temer a las crisis sino a la actitud pasiva o angustiosa frente a las mismas, ya que toda crisis enseña algo y es un llamado a corregir errores o a llenar vacíos. No debemos perder las energías en culparnos o culpar a otros por las fallas, sino esmerarnos en buscar soluciones.

> **No debemos perder las energías en culparnos o culpar a otros por las fallas, sino esmerarnos en buscar soluciones.**

Las personas más exitosas en los negocios, en la política, en las relaciones interpersonales y en otras áreas de la vida, han tenido muchas circunstancias adversas. Muchos los vieron como fracasados o ellos mismos se vieron como fracasados porque en algún momento las cosas no le salieron como esperaban. La realidad es que el éxito no está exento de fracasos, al contrario, cada "fracaso" contiene en sí mismo un motor generador de nuevas oportunidades. Por esto te digo, que tú nunca has fracasado, sino que has tenido experiencias de evolución. Todo cuanto te ha sucedido es para provocar algo mejor.

El profeta Elías fue un gran hombre de Dios, pero al igual que el resto de nosotros, experimentó momentos difíciles en su vida. Uno de esos desafíos se produjo durante una hambruna en que no llovió en la tierra por muchos años. Dios le dijo a Elías que fuera al arroyo de Querit y viviera allí porque había

provisión de agua. El también le alimentaba diariamente al hacer que los
cuervos le llevaran comi-
da. Todo iba bien cuan-
do, de repente, el arroyo
se secó. Todos tenemos

Tú nunca has fracasado, sino que has tenido experiencias de evolución.

momentos como esos, cuando todo va bien y, de repente, sin
advertencia previa, sucede algo que no esperamos y todo se
derrumba. Durante esos momentos deberíamos recordar que
Dios tiene otro plan. De antemano Dios ha hecho provisión
para nuestro desierto. El no nos va a dejar morir allí.

Cuando pasé por una experiencia de divorcio estaba
convencida del gran fracaso que éste representaba para mí.
Pensé hasta en quitarme la vida. Caí en una depresion mons-
truosa. Rebajé 30 libras de peso en sólo tres semanas.

Había dejado de comer y estaba totalmente sumergida en el
dolor. Un día en el que me encontraba haciendo el inventario
del fracaso, terminé metida en el closet de mi cuarto peleando
con Dios. Allí con toda la ropa encima le reclamaba por qué
me pasaban cosas malas si yo era una persona buena. Tenía
mucho coraje con Dios porque según yo, Él era el que estaba
permitiendo que yo sufriera tanto.

El Señor, en su gran amor y misericordia, se me reveló en el
clóset y me ungió. Allí fue donde le escuché diciéndome que
yo podía ser feliz y que Él tenía un plan de prosperarme en
todas las áreas.

Los obstáculos para superar el proceso de divorcio fueron difíciles de superar. Hoy, estoy convencida que este evento no representa un fracaso, sino una brecha. A partir de ese
evento conocí directamente el poder de Dios y probé mis

capacidades. Esos obstáculos me llevaron a meterme en un nivel mayor de profundidad con Dios. Recibí revelación de muchos misterios del mundo espiritual. Entré a otras fases de crecimiento. Emprendí proyectos como el seguir estudiando, viajar a distintas partes del mundo para aprender de otras culturas, incluyendo el estudiar en universidades del exterior. Me probé a mí misma que podía manejar efectivamente la soledad. Comprendí que podía progresar económicamente. Luego, conocí un hombre maravilloso, quien es mi esposo ahora; el complemento perfecto para el ministerio. Un hombre inteligente, pero sobre todo sensible. Creció un ministerio internacional. ¡Todo esto...gracias a los obstáculos y a una crisis!

Cuando sufría de manera tan tormentosa es porque sentía que las ventanas de la vida estaban cerradas. Sin poderme dar cuenta de que había frente a mí una inmensa puerta abierta. Ahora se que podría estar tirada en el suelo a punto de perder la esperanza, pero un rayo de luz me hace saber que Dios me levanta, me posiciona y no tarda.

Lo que nos aguanta dentro del obstáculo es no poder ver que más allá de éste nos esperan cosas gloriosas. Posiblemente te sientes desalentado y en este momento no tienes esperanza de que cosas tremendas están a punto de ocurrir en tu vida. Para vencer los obstáculos recuerda que tienes:

1. Dones
2. Capacidades
3. Talentos

Recuerda también que todos, en algún momento, experimentamos la subestimación de otros. Puede ser que en estos momentos tú estés atravesando por alguna situación que te tiene en el suelo y estés rodeado de personas que no han alcanzado a ver tu victoria. Pero si sigues de pie en tu interior, sobrevivirás a tus circunstancias y verás la manifestación de Dios en tus sueños y en todo lo que anhelas desde lo más profundo de tu corazón. La palabra "levantarse" simplemente significa pararse y seguir adelante. Esta puede ser la respuesta que has estado esperando frente a tu obstáculo: ¡Levántate!

> **Si sigues de pie en tu interior, sobrevivirás a tus circunstancias y verás la manifestación de Dios en tus sueños y en todo lo que anhelas desde lo más profundo de tu corazón.**

A veces convertimos nuestras dificultades en el fin de nuestras vidas. Podrías estarle preguntando a Dios: ¿Qué quieres que haga?, ¿Cómo puedo sobrevivir?, ¿Cómo puedo vencer? Dios es el mismo de siempre, así que te responde como le ha contestado a miles de hombres y mujeres de fe: "Confío en que puedes levantarte".

Moisés guió a los israelitas por el desierto, aquellas personas dependían mucho de él. Durante cuarenta años ellos lo miraron a él para que los llevase a la tierra prometida, pero Moisés murió antes de que llegaran allí. El pueblo lo lamentó, estaba confuso y no estaba seguro de qué sucedería después. Por tanto, Dios habló a Josué, quien iba a ser un nuevo líder, y dijo: "Moisés está muerto". Yo creo que fue una afirmación enfática con la intención de que despertaran al hecho de que sólo tenían dos elecciones: sentarse allí y morir o superar su pérdida, ponerse en pie, superar los obstáculos y proseguir.

Ejercicio:

Contesta la siguiente pregunta:

¿Cuáles son los dones, capacidades y talentos con los que cuentas para sobrepasar los obstáculos?

DÍA 19

Superar las pérdidas

Pero cuántas cosas eran para mí ganancia, las he estimado como pérdida por amor de Cristo.

—FILIPENSES 3:7

"Cuando el corazón llora por lo que ha perdido, el espíritu ríe por lo que ha encontrado".

—PROVERBIO SUFI

Superar las pérdidas

Es muy difícil ganar en la vida si antes no se pierde o invierte algo. Estoy convencida que las ganancias más profundas que he experimentado han ocurrido luego de sufrir una pérdida.

Mi tío Paco fue un hombre espectacular. Cuando ingresé a la Universidad colaboró mucho conmigo de forma emocional y económica. Me demostró un profundo amor y respeto siempre. Tío Paco murió en una forma bastante súbita y sorpresiva. Su muerte me afectó mucho. Entendí que la razón por la que me costaba más trabajo superar su muerte era porque me sentía culpable. Mi culpabilidad consistía en la creencia de que en vida no le demostré a tío Paco cuán importante era para mí. Desde el momento en que entendí esto tomé la decisión de hacerle saber sin reparos a las personas significativas en mi vida lo importantes que son, lo mucho que valen y significan para mí. Al punto de que parezco un tarjeta de *Hallmark* ambulante. Creo que la gran ganancia que tuve luego de la pérdida de mi tío es incalculable: "No te quedes callada frente a la gente que te ama. Siempre dile lo que ellos representan para ti. Así el día que partan tendrás la conciencia tranquila".

Aunque las pérdidas se deben ver como ganancias, los seres humanos tendemos a asimilar las pérdidas de diferentes formas. A algunos la experiencia les sirve como oportunidad para el crecimiento personal, a pesar de ser un momento difícil y doloroso. Para otros es un final. Debes siempre escoger crecer ante lo que has perdido.

La mayoría de las personas piensan en el proceso de pérdida cuando se enfrentan a la muerte, pero hay diferentes tipos de pérdidas. Algunos ejemplos de cosas que podemos experimentar perder son los siguientes:

- Salud
- Trabajo
- Estabilidad
- Estima propia
- Seguridad
- Una pareja por separación
- Sentido de la vida

La forma en que se manejen estas pérdidas dependerá de distintos factores. Casi siempre el manejo está relacionado a como es la personalidad, la filosofía de vida, su salud mental y su nivel espiritual. Fui a un viaje misionero en la selva panameña en el 2006, esa fue una experiencia de gran crecimiento para mí. Trabajé el área de sanidad interior con la tribu Gnobe

Bugle. Esta tribu ha sido abandonada por la civilización y son discriminados por el gobierno. Están localizados en la frontera entre Panamá y Costa Rica. La vida de los indígenas gira en torno al río. Se veían las mariposas revoloteando por encima de las telas multicolores que las mujeres de la tribu habían puesto a secar sobre las piedras. Mi labor, predominantemente, fue intervenir con esas mujeres indígenas. Una mañana el hijo de un pastor indígena se lanzó al río y se ahogó. Me solicitaron que fuera a hablar con la madre del niño. Me pidieron esto como misionera dedicada a la consejería. Con honestidad, en ese momento no tenía idea de cómo iba a trabajar con aquella madre formada en una cultura tan distante a la mía. Los pastores indígenas habían caminado hasta cinco días para llegar al lugar de culto. Habían hecho muchos sacrificios con su tribu esperando obtener una experiencia grande y poderosa de parte de Dios y manifestada a través de nosotros los misioneros y... sucede esto. Yo tenía un gran conflicto teológico porque no entendía por qué Dios había permitido algo así. No sabía cuán fuerte era el dolor emocional con el que me iba a enfrentar. En la selva no tenía ninguna herramienta médica para poder ayudar a aquella madre. Mi mayor preocupación en aquel momento era que la fe del pueblo se desplomara. Ahora sé que quien tuvo un problema de fe fui yo. Lo grande y poderoso pasó conmigo cuando me acerqué a aquella madre indígena que miraba fijamente las corrientes del río. Le eché el brazo sin decir palabra alguna, ella me miró fijamente y me dijo: "Dios es bueno, yo sé que lo voy a volver a ver". Admiré grandemente a aquella mujer por su personalidad, salud mental y sobre todo por su tremenda fe. Esa noche en la tribu hicieron una fiesta con danzas por la fidelidad de

Dios. Fueron ellos los que me enseñaron que hay pérdidas que se traducen en ganancias en el mundo espiritual.

Etapas de pérdidas

Independientemente de los atributos personales y las fuerzas internas que poseamos, la siquiatra suiza Elisabeth Kübler-Ross identificó que cuando experimentamos una pérdida pasamos por unas etapas. Las diferentes etapas son:

Negación. Tratar de probar que nada anda mal en nosotros (ignorar los síntomas, esforzarse más allá de las capacidades físicas). Hay una gran incredulidad frente a lo que se ha perdido.

Coraje y culpa. Hacia uno mismo u otras personas como la pareja, los hijos o los que cuidan de nosotros.

Depresión. Sentimientos de desesperanza e impotencia.

Negociación. Hacemos promesas con la esperanza de que todo va a estar bien o ser igual que antes.

Aceptación. Aprender a vivir con la enfermedad o la pérdida.[1]

Las pérdidas que nosotros debemos provocar

Hay unas pérdidas sobre las que nosotros no tenemos ningún control. Hay otras que verdaderamente debemos provocar. En nuestra vida puede haber cosas, situaciones y personas que no deberían ser parte de nuestras vidas. Provocar las pérdidas requiere un grado de valentía, pero con grandes resultados.

Mucha gente va a buscar consejería porque necesitan ayuda, más que para superar una pérdida, para tener el coraje de perder. En ocasiones, hay que sacar de nuestras vidas a personas que nos atrasan o nos estorban. Hay personas que inclusive nos turban. ¿Quién te turba? El que te turba es el que detiene tu crecimiento, es como una rata que daña la cosecha. El que te turba es el que te aleja de la Verdad, el que te angustia y el que entristece tu espíritu. El que te turba es el que no permite que en tu interior ocurra un avivamiento, es el que obstruye tu nueva óptica.

Provocar las pérdidas requiere un grado de valentía, pero con grandes resultados.

Hoy dos textos bíblicos sobre los que te exhorto a reflexionar en este paso.

Apártate del mal... y vivirás para siempre.

—SALMO 37:27

...desatar las ligaduras de impiedad, soltar las cargas de opresión y dejar ir libres a los quebrantados y que rompáis todo yugo.

—ISAÍAS 58:6

Tú eres libre. Visualízate libre, actúa con libertad y toma decisiones para liberarte. Dios quiere que tú seas libre. Hay cosas o personas que tenemos que alejar de nosotros para disfrutar de esta libertad. En mi experiencia con mis pacientes a muchos se les ha hecho muy difícil perder para pasar a otros niveles. Pero una vez que lo hacen y miran hacia atrás

Hay cosas o personas que tenemos que alejar de nosotros para disfrutar de esta libertad.

se preguntan: ¿Por qué no lo hice antes? Lo importante de este capítulo es que aunque haya sido una pérdida inesperada o una pérdida forzada, en ti está el poder de decidir lo que esa pérdida representará. Te recomiendo que rías, rías y rías por lo que tu espíritu ha ganado.

Ejercicio:

Haz una lista de las pérdidas que has experimentado en los últimos dos años. Luego, transforma cada una de esas pérdidas en ganancia. Contéstate frente a cada pérdida la pregunta: ¿QUÉ HE GANADO?

Pérdidas	Ganancia

DÍA 20

Tomar decisiones asertivas

Dios va delante de ti; él estará contigo, no te dejará,
ni te desamparará; no temas, ni te intimides.

—Deuteronomio 31:8

"Nosotros los que vivimos en los campos de concentración
podemos recordar a los hombres que caminaban de barraca
en barraca consolando a otros, regalando su última pieza de
pan. Podrán haber sido pocos en número, pero son suficiente
prueba de que a un hombre puede quitársele todo excepto una
cosa, la última de sus libertades: elegir su actitud en cualquier
conjunto dado de circunstancias, elegir su propio camino".

—Víctor E. Frankl,

autor de El hombre en busca de sentido[1]

Tomar decisiones asertivas

La vida es un constante fluir de decisiones. Desde que nos levantamos, hasta que nos acostamos, estamos tomando decisiones. En todos los aspectos de la vida nos tenemos que enfrentar a toma de decisiones para poder resolver ya sean grandes o pequeños problemas que tengamos que solucionar. En el plano de lo que es ideal, nuestras decisiones deben ser asertivas.

135

VIVE LIBRE, VIVE FELIZ

¿Qué es asertividad?

La *asertividad* implica la capacidad de tomar decisiones de manera libre y espontánea, sin temores infundados ni ansiedades innecesarias. Se incluye la evaluación de nuestros pensamientos y sentimientos y se actúa de manera consecuente con estos, pero con el debido respeto por los sentimientos y pensamientos de los demás. Ser asertivo se resume a la capacidad de defender nuestros derechos y a la misma vez mantener el debido respeto por los derechos ajenos.

Se ha identificado que cuando tomamos decisiones se pasa por varias fases. A continuación, los pasos más comunes en el proceso de toma de decisiones y ejemplos:

Identificar y analizar el problema

Esta fase consiste en comprender la condición del momento, visualizar la condición deseada. Es decir, encontrar el problema y reconocer que se debe tomar una decisión para llegar a la solución de éste. Una vez identificado el problema, hay que tomar la decisión de querer solucionarlo. Muchas personas llevan muchos años concientes de que tienen un problema, pero no toman la determinación firme de solucionarlo. Me ha pasado con una gran cantidad de pacientes en terapia que cuando finalmente ponen en acción el análisis que han hecho para la solución me dicen: "No era tan difícil como yo creía". Esto es así porque vivir en el problema es mucho más complejo que salir de él.

Ejemplo: Estoy en una relación de pareja con una persona a la que no me conviene amar.

Identificar los criterios de decisión y ponderarlos

Consiste en identificar aquellos aspectos que son relevantes al momento de tomar la decisión, es decir aquellas cosas de las cuales depende la decisión que se tome. La ponderación, es asignar un valor relativo a la importancia que tiene cada criterio en la decisión que se tome, ya que todos son importantes pero no en igual medida.

Ejemplo:

Ventajas de quedarme en la relación:

La compañía

Una linda amistad

Una familia

Una mejor economía

Seguridad

Desventajas de quedarme en la relación:

Diferencia en la escala de valores que conlleva a conflictos

Estancamiento personal y espiritual

Generar alternativas de solución

Consiste en desarrollar distintas posibles soluciones al problema. Si te es posible delimita el problema a dos alternativas.

Ejemplo: Tengo dos alternativas para enfrentar este problema.

1. Guardo silencio y me quedo en la relación por no herir a la otra persona.
2. Hablo acerca de lo que siento y enfrento el haber herido a otra persona.

Evaluar las alternativas

Consiste en hacer un estudio detallado de cada una de las posibles soluciones que se generaron para el problema, es decir mirar sus ventajas y desventajas, de forma individual con respecto a los criterios de decisión, y una con respecto a la otra, asignándoles un valor ponderado.

Puedes utilizar una escala del 1 al 10 para hacer análisis de la importancia de los criterios dentro de cada alternativa. En esta escala el 1 es que tienen el menor peso de importancia y 10 es que es lo más importante para ti.

Ejemplo:

Ventajas de quedarme en la relación:

La compañía (3)

Una linda amistad (5)

Una familia (5)

Una mejor economía (4)

Seguridad (2)

Desventajas de quedarme en la relación:

Diferencia en la escala de valores que conlleva a conflictos (10)

Estancamiento personal y espiritual (10)

Elección de la mejor alternativa

En este paso se escoge la alternativa que según la evaluación va a obtener mejores resultados para el problema. Los siguientes términos pueden ayudar a tomar la decisión según el resultado que se busque:

- Maximizar: Tomar la mejor decisión posible.
- Satisfacer: Elegir la primera opción que sea mínimamente aceptable satisfaciendo de esta forma una meta u objetivo buscado.
- Optimizar: La que genere el mejor equilibrio posible entre distintas metas.

Implementación de la decisión

Poner en marcha la decisión tomada para así poder evaluar si la decisión fue o no acertada. La implementación probablemente resulte en la toma de nuevas decisiones, de menor importancia. Recuerda, no temas implementar lo que ya has decidido. Confía en Dios y confía en ti.

Después de poner en marcha la decisión es necesario evaluar si se solucionó o no el problema, es decir si la decisión está teniendo el resultado esperado o no. Si el resultado no es el que se esperaba se debe mirar si es porque debes darte un poco más de tiempo para obtener los resultados o si definitivamente la decisión no fue la acertada, en este caso se debe iniciar el proceso de nuevo para hallar una nueva decisión.

El nuevo proceso que se inicie, en caso de que la solución haya sido errónea, contará con más información y se tendrá conocimiento de los errores cometidos en el primer intento. Se debe tener conciencia de que estos procesos de decisión están en continuo cambio, es decir, las decisiones que se tomen continuamente van a tener que ser modificadas, por la evolución que tenga el sistema o por la aparición de nuevas variables o información que lo afecten.

Ejercicio:

Para evaluar las alternativas que tienes dentro del evento sobre el cual quieres decidir, realiza los siguientes pasos:

1. Limita tus alternativas a dos. ¿Cuáles son las dos alternativas que tienes ante el problema?
2. Realiza una lista de ventajas y desventajas dentro de cada una de las alternativas. Cuando estés identificando las ventajas y desventajas en la persona en quien debes pensar es en ti. Recuerda que pensar en ti no es un acto de egoísmo. Si tú no eres feliz, nadie a tu alrededor tampoco lo será.

Ejercicio para la toma de decisiones

Luego de hacer la lista de ventajas y desventajas, asigna valor del 1 al 10 según tu escala de importancia a cada una de las cosas que escribiste. Al finalizar sumas los valores de cada columna.

Alternativa # 1:			
Ventajas	Valor	Desventajas	Valor

Total suma de valores: _____ Total suma de valores: _____

Alternativa # 2:			
Ventajas	Valor	Desventajas	Valor

Total suma de valores: _____ Total suma de valores: _____

DÍA 21

El día que nunca debe acabar

Él me ha librado de toda angustia.

—SALMO 54:7

"Nuestro mayor temor es encontrarnos a nosotros mismos para descubrir que podemos ser lo que nos han negado durante toda nuestra vida".

—CHRISTIAN MANUEL MARRERO, ESCRITOR

El día que nunca debe acabar

La transformación de tu interior ya no es una ilusión. Ya no es algo que sabes que debes hacer, ni es lo que otros te dicen que debes trabajar. La transformación ha sido alcanzada por ti pues hoy ves la vida de una manera diferente.

Ya no estás cansado, has sanado tu niño interno que ahora está rebosando... ¿Acaso no escuchas sus hermosas carcajadas?

Has entrado en el proceso de perdonarte y de perdonar a quien te ha herido. Esas voces que te entristecían cada vez se escuchan más lejos. Las heridas ya están cicatrizando y algunas magulladuras ya no duelen.

Has dejado la ansiedad atrás y ahora la ves como algo estúpido, sin fundamentos, como una pérdida de tiempo que te quita energía.

Ya no estás solo. Ahora puedes ir a la playa, bailar solo frente al espejo, darte un baño de espumas, reírte de ti mismo y conocer que tú eres la mejor compañía para ti mismo... y alégrate ¡la tendrás por el resto de tu vida!

Has mirado al miedo a la cara y has descubierto que se trataba de un deseo profundo de vivir. Le has dado una nueva interpretación al fracaso. Ahora solo es un indicio de volverlo a intentar. Es tu punto de partida...

Antes estabas pendiente a las cuentas del banco, al problema matrimonial, a las llamadas telefónicas, a la renta, a la fila en el supermercado, al tráfico, al angustioso entrometimiento de tus vecinos. Ahora mientras pasa todo esto, miras por la ventana, te detienes a ver una hoja caer y ni un ejército podrá impedir que esta escena te borre tu sonrisa. Porque estás seguro de que el que hizo que esa hoja se cayera está a cargo de todo lo demás.

Ahora te ríes de tus raíces, esas de las que antes tú renegabas. Tal vez, te ríes como tu mamá, tu postura puede ser idéntica a la de tu padre y esas muletillas al hablar que antes detestabas hoy te recuerdan con cariño a tu hermano. Ese eres tú. Quitaste tu antigua manera de verte. Descubriste que aunque la personalidad no se lleva en los genes es influenciada por las personas más significativas en tu vida. Cada una de estas aportaciones han formado la persona tan maravillosa que eres hoy.

Ya el gozo no es un sueño, ni depende de los eventos que no han llegado. ¿Qué es entonces? El gozo es la garantía de tu victoria. O sea, ya eres victorioso y ese "eres" está en un presente eterno sin importar lo que pasó, lo que pase ni lo que pasará. ¡Tú eres un victorioso!

No eres oruga... ¡siempre has sido mariposa!... antes... no lo sabías. Ahora, no puedes olvidarlo nunca. Nadie puede hacerte sentir como gusano. A través de tu vida has encontrado algunos miopes que no alcanzaron a ver tus alas y en lo que te resta lle-

El gozo es la garantía de tu victoria.

garán daltónicos que confundirán la gama de tus majestuosos colores. Nada de esto debe preocuparte. Pues hoy ya tú sabes quién eres.

Frente a tu nueva identidad te invito a que hagas esta oración:

Hoy, Dios, mi alma rebosa de gozo y gratitud por la vida que me has dado y por quien soy en ti. Gracias por experimentar este precioso cuerpo y esta maravillosa mente.

Hoy, Señor, quiero expresarte mi más profunda gratitud por todo lo que he aprendido, por como me he desarrollado. Reconozco que no soy la misma persona de hace un tiempo atrás. Tú me has evolucionado.

He aprendido que la mejor forma de decirte GRACIAS es viviendo intensamente cada minuto de mi vida, amándome y demostrando tu gran amor a todas las personas que me rodean.

Me deleitaré con la presencia de todas las personas que son importantes para mí y les haré saber lo especial que son. Respetaré las elecciones de otros, tal y como respeto las mías.

Hoy, recibo con buen humor todos tus regalos, los disfrutaré y los valoraré.

Me rehúso a mirar hacia atrás, con excepción de para rectificar la lección aprendida.

Hoy me renuevo y así será cada día de mi vida. En el nombre de Jesús, amén.

Último ejercicio:

Mírate en el espejo...y contesta la siguiente pregunta:

¿QUÉ VES?

_____

_____

_____

_____

_____

_____

_____

_____

_____

_____

_____

Espero que este espacio no sea suficiente para tu contestación. Tranquilo...no busques más papel. Dios se ha encargado de darte una vida para que puedas expresarlo...¡sé libre!...¡sé quien tú eres!

Con cánticos de liberación me rodeaste.

—Salmo 32:7

Notas

Día 3

1. John Bradshaw, *Volver a casa: Recuperación y reivindicación del niño interno*, Los libros del comienzo, 2006.

Día 11

1. http://site.graphepress.com/stronggreekdownload.pdf (Consultado en línea el 2 de abril de 2014).

Día 12

1. www.casadellibro.com/libros-ebooks/wayne-w-dyer/16021 (Consultado en línea el 7 de abril de 2014).

Día 13

1. www.desdemirincon.com/JoseDeDiegoPoemas.html (Consultado en línea el 8 de abril de 2014).

Día 15

1. Dutch Sheets, *Dígale a su corazón que palpite de nuevo*, Casa Creación, 2003.

Día 19

1. http://ensulaberinto.com.ar/wpcontent/uploads/2011/07/la_muerte_un_amanecer.pdf (Consultado en línea el 2 de abril de 2014).

Día 20

1. es.wikipedia.org/wiki/El_hombre_en_busca_de_sentido (Consultado en línea el 8 de abril de 2014).

La **DRA. LIS MILLAND** es una consejera, profesora universitaria, conferencista y comunicadora en medios masivos. Cuenta con un doctorado en Consejería Profesional y una maestría en Trabajo Social. Como terapeuta, ha atendido a más de veinte mil pacientes con depresión, trastornos de ansiedad, problemas de abuso de sustancias y crisis familiares, tanto en su natal Puerto Rico como en el extranjero. Además, es la fundadora y directora del Centro de Consejería Armonía Integral. Es autora de los libros de éxito de ventas: *El perfil psicológico de Jesús, Lo que la pérdida no te puede quitar y Mujer, conoce tu valor y vive con propósito.* Participa semanalmente en la emisora radial Nueva Vida 97.7 FM en el segmento «Escucha bien, decide bien». Está felizmente casada con el catedrático Dr. Luis Armando Rivera. Reside en San Juan, Puerto Rico, junto a su esposo y su hijo Adrián Emmanuel.

Información de contacto:

Para conferencias y predicaciones puede comunicarse al (787) 396-8307

E-mail: armoniaintegral@hotmail.com

Facebook LisMilland

Twitter: Lis_Milland

UNA GUÍA PARA SANAR LA AUTOESTIMA

Mujer, conoce tu valor y vive con propósito

DRA. LIS MILLAND
AUTORA DE LO QUE LA PÉRDIDA NO TE PUEDE QUITAR

Mujer, conoce tu valor y vive con propósito

La Dra. Lis proporciona herramientas prácticas e innovadoras para fortalecer la autoestima, definir el autoconcepto y desarrollar el crecimiento emocional, social y espiritual.

Con su singular sencillez y lenguaje terapéutico, la Dra. Lis cubre temas, entre otros, como:

- Descubrir las raíces de la autoestima
- Alejarse de la idea de perfección
- Lo que sientes por dentro, se refleja por fuera
- Cómo romper las cadenas de la dependencia emocional

Lo que la perdida no te puede quitar

¿Son la paz y el gozo una posibilidad dentro de nuestros quebrantos? La Dra. Milland nos enseña que se puede ser esencialmente feliz en medio de la pérdida. Otros temas trascendentales que ella desarrolla en *Lo que la pérdida no te puede quitar* son:

- Del trauma al triunfo
- Descubrir las ganancias
- Cierre de asuntos inconclusos
- La valentía de perder a alguien
- De la culpa al autoperdón

EL PERFIL PSICOLÓGICO DE JESÚS

Aprendamos del Maestro a manejar efectivamente nuestras emociones

DRA. LIS MILLAND

AUTORA DE *VIVE LIBRE, VIVE FELIZ*

El perfil psicológico de Jesús

¿Cómo era Jesús realmente? Este libro presenta un estudio sencillo, fácil de entender, sobre las características de Jesús según su carácter, actitudes y comportamientos. Todo lo que hemos vivido, Él lo experimentó primero; y como Él venció, así mismo podemos hacerlo nosotros. El perfil psicológico de Jesús es una herramienta poderosa, donde cubre temas, entre otros, como:

- Jesús y el dolor emocional
- El Príncipe de la paz
- Jesús y la gratitud
- El Maestro del arte de vencer el temor
- El regalo del perdón

EQUÍPATE CON EL
ARMA MÁS PODEROSA

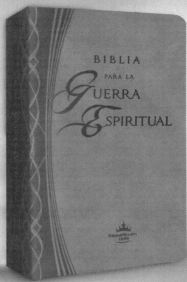

CARACTERÍSTICAS Y BENEFICIOS

- Versión Reina-Valera 1960 (la versión de la Biblia más leída en español).

- Incluye materiales adicionales de estudio, escritos por más de veinte líderes y autores cristianos de renombre.

- Provee información práctica para prepararte y equiparte en la guerra espiritual.

- Contiene herramientas de entrenamiento para la guerra espiritual, tanto para el estudio individual así como para grupos pequeños.

- Incluye referencias y mapas a color.

La **Biblia para la guerra espiritual**, te ayudará a prepararte y equiparte como un guerrero espiritual

CASA CREACIÓN

ADQUIÉRELA EN CUALQUIER TIENDA DE LIBROS

REINA-VALERA 1960

SÍGUENOS EN: 🐦 TWITTER.COM/CASACREACION   f FACEBOOK.COM/CASACREACION